ちくま新書

ひらかれる建築

――「民主化」の作法

松村秀一
Matsumura Shuichi

1214

ひらかれる建築——「民主化」の作法【目次】

はじめに――建築で「民主化」を語る理由

†多くの人にとっての建築

建築。一般の読者の方にはわかりにくい世界だと思う。建築家と称する人がいるかと思えば、設計士などと呼ばれる人もいる。近くの工務店のおやじもいれば、巨大ゼネコンもある。そのそれぞれがどんな素性の人たちで、つくっているものにどんな違いがあるのか、なかなかわかりにくい。ましてその人たちがどんなことを考えて建築をつくっているのかは、全くもって理解しにくいのではないだろうか。

でも、私たちは皆、四六時中その建築の中で暮らしている。建築の世界は、本来主役であるべき一般の人に開かれたものになるのが望ましいし、既にこれまでにつくったストックが十分すぎる程にある今日、一般の人が主役に躍り出る可能性がとても大きくなっている。本書は、その可能性、建築をもっと身近に感じ、楽しんで暮らしてもらう可能性を現実のものにしようという思いに基づいている。専門家はもちろん一般の方にも読んで頂き、一緒に楽しく豊かな建築の世界をつくり出していければと思っている。

それでは、先ず似たような言葉、ケンチクとタテモノの違いから始めよう。

†ケンチクとタテモノ

フランク・ロイド・ライトのロビー邸、ル・コルビュジェのクック邸にラ・トゥーレット修道院、吉村順三の軽井沢の山荘、槇文彦の代官山の集合住宅、ＭＬＴＷの住宅群シーランチ。建築が専門でない方にはわかりにくいかもしれないが、いずれも二〇世紀の世界的な建築家たちとその代表作と言われる建築作品である。

大学の二年冬学期に建築学科に進学した私たちは、まずこれらの名作のパース（透視図）を描かされた。彩色のパースを提出しなければならないのだが、先生から渡された平面図と立面図等からでは色がわからない。建築の専門書を置いている書店に行き、それらの建築の写真が載っている作品集の類を探すのが週末の習慣になっていった。同級生との情報交換も欠かせなかった。そうこうしているうちに、自ずとそれぞれの建築作品に、そしてそれを設計した建築家に親しんでいった。同じ下宿の他学部他学科の学生たちは、四畳ほどの部屋に大きな製図版を持ち込んで、彩色パースを描き続ける私を「建築家」という目で見るようになった。その大きな製図版の下に布団をしいて寝るようになった私は、特異な専門を持ったことの誇らしさを感じた。

これは一例に過ぎないが、建築学科に進学したほとんどの人が、多かれ少なかれこのような建築世界への入り方をしたのではないだろうか。その後は推して知るべし。知っている建築家やその作品の数は日に日に増え、その位置付けを知りたくて評論の類にも目を通すようになる。どっぷり建築づけになり、建築を「建築家」の「作品」として鑑賞し、評価することが当たり前になっていく。挙句、「作品」ではないまちの普通の建物は目に入らなくなってくる。カメラを持って目的の作品まで脇目も振らず一直線という具合である。

そんな建築学生は多くの場合、自分の住むまちを形作るタテモノをケンチクとは見ていない。建築雑誌に写真が載るようなものではないし、大学で受けている日頃の設計指導からすれば、とてもまともに設計したものとは思えない代物だからだ。しかし、私たちの日常生活は、ケンチクではなくタテモノでできたまち空間で展開している。

建築学生も遅かれ早かれこの矛盾した状況に気付く。私の場合は、大学院に進むまで気付いていなかったかもしれない。自分の創るケンチクを夢見ていたのだ。タテモノは関係ないものと思っていた。しかし、矛盾に気付いた途端、ケンチクもタテモノもでき方は同じであるという理解に達した。土地にはそれぞれ所有者とその事情や企てや好みがあり、それに従って好き好きに建てられた結果が、たまたまケンチクだったりタテモノだったりするだけだという理解である。この理解に達するとケンチクとタテモノの区別はどうでも良くなり、むしろ狭小な土地にそれぞれの所有者の勝手気儘に任せて建てられているということに「建築家」的な反感を持つに至る。それぞれに不恰好なのに個性を競い合うペンシルビル群に辟易としたりした。典型的な建築学生の心持ちだったろう。

そんな私のありきたりな感性をひっくり返した一言がある。当時、デルフト工科大学のある教授と、東京でタクシーに乗った時のことである。ペンシルビルだらけになった通りを見ながら先生は次のように語った。

「これだから東京は好きだ。それぞれの土地に好き好きに建物が建てられている。これこそまさに「民主主義の風景」だ。ヨーロッパではこうはいかない。やれ色を揃えろだの、高さを揃えろだの、壁面線を揃えろだのと言われて、何一つ自由にならないのだから。ああ、東京がうらやましい」

この一言を聞いて以来、私は、ゴチャゴチャしていると言われる日本の自由なタテモノでできたまちをかなり肯定的に捉えるようになった。日本の建築界では少数派のものの見方だとは思うが仕方ない。

「民主主義」という先生の言葉が、ケンチクとタテモノの間で揺れ動いていた建築学生の心に響いたのである。学術、芸術、技術としての専門領域の高い壁を築き上げ、その壁に守られながら、専門的に無知な人々にあるべき姿を押し付けるケンチクのあり方に大きな疑問符がついた。

けれども、民主主義が、より幸せでより豊かな人々の暮らしを実現するために構想された体制なのだとしたら、私有されたそれぞれの土地に好き好きにケンチクやタテモノが建てられていることだけをもって、「民主主義の風景」などと言って良いだろうか。そうではないだろう。専門領域の高い壁に守られながら、価値の押し付けを繰り返すケンチクのあり方よりは、「民主主義」と呼び得る状態の方がずっと好ましく思えるが、一体全体、建築の世界において「民主主義」と呼び得る状態とはどういうものなのだろうか。

†「民主主義」と呼び得る状態？

長い間、この問いは私の頭から離れなくなっていた。けれども、容易に答えは見つからない。近代以降に本格的に築き上げられたケンチクの専門の壁は、十分に高く頑丈であり続けたし、そこら中で建てられるタテモノには、より幸せでより豊かな人々の暮らしを予感させるものは少なかったからだ。

私の素朴な問いの前に立ち塞がるケンチクとタテモノ。現在のそれらを成立させた社会的な動きは共通している。近代化である。

近代化は、偏在する物質、エネルギー、技術、知識を国家の或いは世界の隅々にまで行き渡らせようという動機に支えられた運動であった。その先には、すべての人が近代的な生活をおくれる状態が思い描かれていたに違いない。ケンチクはその象徴的な存在であったし、普及した技術と知識によって膨大な量のタテモノが経済行為として次々に建設されていった。この壮大な運動において、建築の利用者である人々の意見はほとんど傾聴されず、その自発性は軽んじられ、一九六〇年代以降、それが批判の対象となった時期もあったが、大勢は不変だった。

ところが二一世紀も一〇年以上を経過した今日、状況は大きく変わりつつある。近代社会が蓄積してきた技術と建築のストックが溢れんばかりになり、人々がこれまでの定型とは異なる生活を志向し実践する際に、それらの社会的なストックを自由かつ有効に利用できる環境が整い始めているように見えるのだ。

例えば、空室率の高まりが経営を困難にしている築古マンションを、居住者が内装や設備を好きに変えて良いという契約方式にすることで、均質だった各住戸が居住者の個性で彩られ、ご近所さんが週末のスポーツ感覚でＤＩＹ作業を手伝うことで、住民同士に新たな繋がりが生まれ、満室状態はおろか、それを知った人々の待ち行列までできたという事例。空き家や空きビルが増加の一途を辿っていた地方都市の中心市街地に、それらを低家賃で借りて、新たにスモールビジネスを立ち上げる移住者が相次ぎ、高々五年ほどの間に、八〇ものスモールビジネスの拠点が生まれたという事例。世界に発信できる今日的なアートセンターを実現したいというアーティストが、東京都心の廃校を、年間八〇万人が集うアートの拠点に仕立て上げた事例。

専門家ではない空間の利用者たちが、既にある建物をより幸せでより豊かな人々の暮らしの場に仕立て上げる活動。それが各地で目立ってきたのである。近代社会が蓄積してきた技術と建築のストックを、自分たちの志向する生活に合わせて、人々が編集し始めたものと私は考えている。そして、この人々の活動が、私に想像できなかった「民主主義の風景」をつくり出すのだろうと期待せずにはいられなくなっている。

†開かれていく建築の世界

本書は、専門家が職能論を盾に長らく自らの領域と決め込んできた建築の世界が、普通の人々に開かれていくであろう近未来を見据え、その歴史的な意義を見定めるとともに、その変化をより豊かなものにする方法を見極めようとするものである。そこには、これまでの専門性に偏った建築の世界とは大きく異なる新しい世界が待っているという大いなる期待がある。

ただ、待っているだけではことは動かない。開かれた建築の世界の実現、そしてそれが人々のより幸せで豊かな生活の場づくりに結びついていくために、私たちは何をすれば良いのだろう。その時代に相応しいいわば「作法」があるはずだ。本書では、「民主化」という分析軸で建築の世界のこれまでを振り返り、その中に埋もれていた作法の種を見つけ出し、今世紀に起こり始めた未来を予感させる各地での人々の活動の中に、作法の原型を探し出し、最終章において、いわば「民主化する建築」の時代の作法を明らかにしたいと考えている。しばしお付き合い頂ければ幸いである。

序章

民主化する建築、三つの世代

†キーワードとしての「民主化」

戦後日本の建築関係産業の来し方と行く末を一貫した視点で語ろうとする時、最も適切なキーワードは「民主化」ではないだろうか。二〇一四年二月大阪で、リノベーション界の先駆者の一人である中谷ノボルさん（アートアンドクラフト）からふいにこのキーワードを聞いてそう思うようになった。

二〇一三年末、私は二冊の本を上梓した。『箱の産業―プレハブ住宅技術者たちの証言』（共著）と『建築―新しい仕事のかたち　箱の産業から場の産業へ』（彰国社）である。前者は、一九六〇年頃から始まるプレハブ住宅の最初期の技術者たちに対するインタヴューと関連する資料等から、日本の住宅産業が若く熱かった時代を追体験しようとしたものだった。この本作りを通して改めてよくわかったのは、きちんとした建物をきちんと届けること、それこそが当時の産業の目標だったということだ。そして、きちんとした建物、それを私は「箱」と呼ぶことにした。

一方二冊目の本は、およそ半世紀の間にきちんとした「箱」が広く行き渡り、各地で「箱」が大きく余り始めた二一世紀初頭に、それらの余り始めた「箱」を、新たな暮らしや仕事の「場」に仕立て上げる若いリノベーターたちの活気に触発されて書き上げた本である。「箱の産業」は歴史的な役割を終えたというのが実感だった。そして、次なる目標は「場の産業」だと確信した経緯をその本の中に綴った。

出版後、この本の中で取り上げたリノベーターたちの感想を伺うべく、数回にわたって公開意見交換会を催した。大阪での会の時に山崎亮さん、鈴木毅さんと一緒に登壇してくれたのが冒頭で紹介した中谷さんであり、その時の「今、リノベーションなどで起こっていることを一言で言えば「民主化」ということだと思うのです」という彼の発言が、私に新たな視点を授けてくれた。

自分の暮らしや仕事の場のイメージを膨らませてくれる空き家や空きビルを見出し、そこを自分たちの構想でリノベーションし新たな暮らしや仕事の場に仕立て上げる。そんな若い人たちの自発性とその発揮という新しい現象を見て、中谷さんはこの言葉を使ったのだと思う。ただ、新しい「場の産業」だけではなく、これまでの「箱の産業」も、異なる段階のものではあれ、同様に「民主化」を目指してきたのだ。私はそういう思いでこのキーワードを聞いた。

✝今日の民主化に至る世代構成

独裁者の圧政に苦しむ人々が蜂起し政権をひっくり返し、主権を自らの手の内にする。

多くの同志が血を流し革命によって実現された民主主義。「民主化」という言葉を聞いてすぐに私の頭に浮かぶのはそんなイメージである。しかし、今日既存の建物を新たな暮らしと仕事の「場」に仕立て上げる人たちは、体制と闘い革命を起こそうとしているのではない。もっと自然な形で時代を前に進めているだけ、そのことで「民主化」のレベルを上げているだけである。

人々が暮らし働く、或いは遊ぶための居住環境を整える行為は、そもそも人の権利を収奪する行為ではないのだから、そこでの「民主化」は、政治的に用いられることの多い言葉としての「民主化」とは性格が多少とも異なる。時代の状況に応じて、徐々に人々の主体性の発揮される場面が増え、多種類になってきたのが、居住環境形成分野での「民主化」である。そして、その意味でこの分野の「民主化」には、時代に応じた段階がある。それを本書では「世代」と呼ぶことにする。

近代以降の居住環境形成分野での「民主化」には、大きく分けて三つの世代がある。それが本書の土台を形作る私の理解である。この三つの世代に沿って、先ずは本書の構成を説明しておきたい。

†第一世代の民主化（第1章）

第1章では、第一世代の民主化を扱う。この世代は建築にとっての近代と言い換えても良い。産業革命がもたらした工業生産力の飛躍、近代国家と国民という概念の定着。それらがくっきりとした背景を描いていた世代である。

この世代の建築は、他分野、特に工業分野の進展に大きな刺激を受けた。例えばT型フォード。一九一〇年代にアセンブリー・ライン方式を導入しマスプロダクションを確立したと評されるヘンリー・フォードが目指したのは、それまで特別な階層の人しか購入できなかった自動車という乗り物を、自分の工場で働く工員の手にも届く価格のものにすることだったと言われている。馬車に代わる乗り物として発明されて日の浅い自動車とは異なり、居住環境に関して言えば、それまでも人々はどこかに暮らしていた訳だが、とても貧しい居住環境に身を置く人が多かった。また、産業革命と社会の近代化が学校、工場、オフィス、病院、図書館、美術館等々の新種の建物への需要を作り出してもいた。可能な限り早く、可能な限りたくさんの人が、健康で近代的な生活を送れるように建物を届けること。ヘンリー・フォードの夢と同質のこのような夢が、建築の夢になった。そういう時代である。

人々が、民主主義の担い手に相応しく近代的な生活を送れるような「箱」を遍《あまね》く届けること、それが当時の、つまり第一世代の民主化の目標とする状態だった。グロピウスやコルビュジェ等の若い世代の建築家、「モダニスト」と総称される彼らもこの世代を象徴する存在だったし、量産に向いた鉄筋コンクリート造、鋼構造、ツーバイフォー構法等を発明した技術者たちも、それを利用して新しい事業形態を生み出した企業家たちも、この世代に明確な形を与える存在だった。

第1章では、先ずこれらの第一世代の民主化を動かした時代の精神とそれを具体化した取組みを見てゆく。

事の性格上、先に産業革命を経験した欧米諸国での動きが中心になるが、日本固有の現象として大工技術の広範な普及と、軍需から民需への唐突な切り替えを迫られた重工業の事情との関係の中で生み出されたプレハブ住宅について特に取上げている。

†第二世代の民主化（第2章）

第二世代の民主化への世代交代は、それまで一方向に猛進してきた近代がもたらした戦争、環境破壊、人間軽視の効率主義等の深刻なひずみを顧み、その状況から抜け出そうとする脱近代の時代精神の表れだったとも言える。

本章以降は、著者である私の当時の経験に基づく部分が多くなる。例えば、プロトタイプの提示とその量産という第一世代の民主化を代表する活動形式が飽きられ、批判の対象にもなる中で、輝きを持ち始めていた「ヴァナキュラー」と「システム」という二つの概念。近代が軽視してきた、人々の日々の営みや、地域という空間での生活価値の共有を再評価し、そこに学ぼうとした「ヴァナキュラー」路線と、工業化の成果を利用しながらも、人々がもっと主体的に居住環境形成に関われるように、選択の多様性や参加の可能性を求めた「システム」路線。私自身の卒論テーマの選択においては、この二つの間での揺れを経験した。

第二世代の民主化は、今日のそれと比べると闘争的な雰囲気を持っていた。当時私が立ち会った団塊の世代やその上の世代の居酒屋での議論は、今時のバーやカフェでの会話とは比べようもない闘いの連続だった。そんな中で生まれ私も関わることになったのがワープロ雑誌『群居』である。そこでは、民主化の世代交代を象徴する、或いはそれを牽引する思想や実践が数多く取上げられた。

「建てる自由」を主張した第三世界のハウジングの理論家ジョン・ターナーの構想と、各地でのセルフビルドの実践。建築のプロセスを開かれ共有されたものにする革新的な方法を、「パタン・ランゲージ」として提示したクリストファー・アレグザンダーの新たな職能論。本章で取上げるこれら第二世代の民主化を代表する理論や実践とは『群居』で出会った。もちろんその中心メンバーだった大野勝彦の現代民家の構想や、石山修武の開放系技術世界の構想は、生身で学ぶ機会があった。

『群居』では間接的にしか扱われなかったが、これらと同時代の、或いはこれらに影響を及ぼしたであろうスチュアート・ブランド等の『ホール・アース・カタログ』、ニコラス・ジョン・ハブラーケンのマス・ハウジングに代わる方法論も、第二世代の民主化を代表する活動や言説として取上げない訳にはいかないだろう。

そして、第一世代の真只中にありながら、一気にシステムを飛び越えて、決して闘争的ではないこと、〝unselfconsciousness（無自覚さ）〟を標榜しつつ、システム化されない自由という第三世代に繋がる態度の可能性を、自邸において開いて見せたイームズ夫妻。これも第二世代の民主化を代表するものとして位置付けるべき重要な実践であった。

†日本の「箱」の産業の到達点（第3章）

第二世代の民主化の時代、「箱」の産業はその形を整え、体制と闘う感覚や脱近代という意識とは無縁のところで、一筋縄ではいかない市場の現実に対応する中で、結果的に生活者が様々な選択肢を与えられ、自らの居住環境形成により主体的に参加できる状態に到達した。第3章では、そのことを最も端的に示す住宅産業を例に採る。

戦後日本の住宅産業は、プレハブ住宅も工務店による木造住宅も団地もマンションも、それまで手狭な長屋での暮らしや間借り暮らしをしてきた多くの人に、自分の自由になるきちんとした「箱」を届ける役目を果たした。宅地開発による土地の供給と、住宅金融制度の創設・普及、そして各種の住宅性能と生産力の向上を可能にした建設への工業化手法の導入、更には建設分野への若い入職者の増加や、「俺も一国一城の主に」という工務店主や専門工事店主の企業家精神。それらのすべてが、自分の自由になるきちんとした箱の広範な層への普及を可能にした。かつて特別な階層しか享受できなかったものをより多くの人々が入手できるようになるその状態は、正に第一世代の民主化と言って良いだろう。

ただ一九七〇年代になると、人々は初期の「箱の産業」による民主化の状態には飽き足らなくなっていった。例えば、一九六〇年代のプレハブ住宅の多くは、サイズや外観等の種類がごく限定されていたし、マンションや団地の間取りは同じものの繰り返しだった。もっとそれぞれの住み手の要望に合わせて自由にならないのか。それが一九七〇年代の住宅産業の課題になっていった。

一九七〇年代、プレハブ住宅はサイズと外形の種類を増やし、屋根の形状や勾配の種類を増やし、「自由設計」を標榜する企業も現れた。集合住宅の分野でも、住宅公団が、今日のSI住宅のように、インフィル部分をサポート部分から画然と分離し、インフィル部分の部品の選択やレイアウトは個々の住み手の自由にできる方式を確立しようと「KEP

（Kodan Experimental housing Project）」に注力したりもした。プレハブ住宅のように、各社ごとに寸法体系が異なり、システム間での部品の互換性がない状態（この状態は「クローズド・システム」と呼ばれた）では、住み手の選択・組み合せの自由度が低い状態にとどまるのに対して、共通の寸法体系を基礎にして広範な互換性を成立させようという「オープン・システム」追求の意義が広く認められたのもこの時期である。

一九八〇年代以降にそれらのすべてが実現された訳ではないが、プレハブ住宅のサイズ・外形等の自由度は以前とは比べられないほどに増え、一九九〇年代には工場での邸別生産方式の導入が始まり、管理している部品の種類が数百万点を超えたというメーカーも現れるほどになったし、マンションでも一つの住棟に組み込まれる住戸プランの種類は格段に増えていき、二〇〇〇年代には、住み手による間取りや仕様の変更を受付けるサービスも広く見られるようになった。

これら、市場における住み手の選択の自由を拡大する住宅産業の態度は、第二世代の民主化の進展という文脈で捉えることが可能であるが、それを成り立たせたものとして、本章では、住み手との接点を構成してきた営業マンの存在、そして日本固有の畳割のシステムがあることにも思いを致す必要があることに言及している。それが、第三世代の民主化の展開にも関係付くと考えたからである。

†第三世代の民主化（第4章）

さて、ここまでは「箱の産業」の時代の民主化である。端的に言えばそれは、生活者の選択の自由を拡大することであった。しかし、それはあくまでも生産者が主導する市場での選択についてである。選択肢がいくら増えたとしても、自分の暮らしを組み立てるのに、ありきたりな市場で選択した物やそのセットだけに頼ることで足りるのだろうか。

確かに、生き方や暮らし方がかなりの程度ステレオタイプ化していた高度経済成長期であれば、それでも足りたかもしれない。しかし、家族の形態、就労の形態、ライフワークバランス等が多様化し、全く経験のない人口減少局面と長寿社会を迎え、人それぞれに生き方や暮らし方を探し求める現代にあっては、それでは明らかに足りない。従来市場に流通していなかったような空き家や空きビルを見出し、個別性の高いリノベーションを行って、そこに生き方や暮らし方、働き方の新しい形を埋め込み始めた「場の産業」の先駆者たち、その主役である生活者の創造性は、居住環境をめぐる民主化が次の段階に移行しつつあることを表しているのだと思う。中谷さんの言った「民主化」はこの新しい段階のそれなのである。

そこでの主題はもはや「箱」ではない。主題は、既にあり余る程に存在する「箱」を空間資源として捉え、どのように新しく豊かな暮らしや仕事の場に仕立て上げるかということであり、わかりやすく言えば「箱」というハードウエアの問題ではなく、そこに入れるソフトウエア、コンテンツ、即ち人の生き方の問題なのである。

敢えてクールな言い方をすると、これまで建築は人の生き方と交差してこなかった。だからだろうか、第三世代の民主化の動きは従来の建築界に属していない人たちから現れた。

例えばアーティスト。ニューヨークのＳＯＨＯもそうだし、千代田区の廃校の校舎をアート・センターに仕立て直した「アーツ千代田３３３１」もそうだ。若いアーティストの「適当な場所さえあれば、こんな暮らしや活動を埋め込みたいなあ」という利用の構想力が、まちの中で空いている空間資源と出会った時に、これらの「場」創りが生起した。

リーマンショック或いは福島の原発事故以降、地方に多く存在する空き家や空きビルに移住する若い人が増えているが、この二一世紀的な移住現象も第二世代の民主化では見られなかったもので、人の生き方に関わる第三世代の民主化的な現象だ。それほどの稼ぎは得られないかもしれないけれど、大都市でサラリーマン生活をしていた時よりもずっと豊かな暮らしができる。移住によるそのような生き方を十分に意識的に「高品質低空飛行」と命名している人もいる。

そして、自分たちの新しい暮らしや仕事の「場」を自分たちで設《しつら》えるＤＩＹやセルフリノベーション。それを支える道具立てや情報共有の仕組み、更にはスターの誕生等により、急速に普及しつつあるが、かつてのセルフビルドのように人生をかけた重々しさはなく、隣近所の友人とスポーツ感覚で取組まれることの多いセルフリノベーションは、第三世代の民主化を象徴する。

以上のように二一世紀の日本で動き出した第三世代の民主化は、まだまだ多様な展開を見せている最中である。しかも、その核になる部分には人の生き方がある。だから、それを分類してみたり総括してみたりすることは重要ではない。そこで、第4章は、私の知る事例をルポルタージュ風に紹介する形を基本にした。ただ、一つだけ多くに共通することがあるので、第4章内では触れていないが、ここに記しておきたい。

それは、第三世代の民主化を代表する動きが、持ち家や持ちビルでなく、賃貸の分野で起こっていることだ。「場の産業」の時代の特徴として指摘しておいて良い事柄だろう。「箱の産業」の時代、民主化の主戦場は持ち家や持ちビルであった。自分の自由にできる「箱」を所有すること、それこそがあの時代の民主化の究極の姿だったからだ。ところが、新しい世代の民主化は貸家・貸しビルの世界で活発な動きを見せる。やはり先駆的なリノベーターの一人大島芳彦さん（ブルースタジオ）の次の発言が状況を端的に説明してくれる。

「貸家は不自由だと言われてきましたが、カスタマイズ賃貸やオーダーメイド賃貸が普及し始めた今日では、貸家の方がより自由なのです。移動の自由も大きいし、そもそもローンなどというものからも自由だし」

「箱の産業」の時代、第二世代までの民主化は、時に過重なローンや長期にわたる単一的な居住形態を強いることになったが、第三世代の民主化はそうした負担から自由になるところに大きな価値を認めるものなのであろう。戦後七〇年営々と皆で投資してきた成果としての空間資源を、前の世代全員から次の世代全員への贈り物と捉えれば、空間資源が欠乏していた時代のような、個人個人の投資意欲を掻き立てる所有へのこだわりは無用のものになるだろうし、少なくとも私的所有が民主化の要素になる理由はないものと考えられる。

✝作法（第5章）

私自身は第二世代の人間である。概ねステレオタイプの生き方をしてきたし、まさに第二世代の時代に新築マンションを購入してそこに住んでいるし、第二世代の時代に建てられたオフィス・ビルに毎日一時間以上の時間をかけて通っている。カフェよりも昭和な喫茶店や居酒屋に立ち寄ることが圧倒的に多い。アーティストでもないし、移住もしていない。隣人との付き合いもないし、友人と一緒にピザ窯をつくったりもしない。偉そうに書いているが、第三世代の民主化と私の生き方は今のところほぼ交差していない。ただ、第三世代に属する人たちとは付き合いがあるし、これが気持ちの良い、しかも新しい動きであることも肌で感じてはいる。だから、同じ時代を生きる者として何らかの形で関わりたい。本書を書いているのはその気持ちの表れだと言っても良い。それにしても、自分が当事者でないことを訳知りに論ずるのは片腹痛い。第4章がルポルタージュ風に落ち着かざるを得ないのはそのせいでもある。

私が第三世代の民主化と名付けている新たな動きについて強く感じているのは、それが人の生き方の問題であるから、何か共通項を見つけて類型化したり、合目的的な方法にまとめようとすると、途端に第二世代的なものに逆戻りするのではないかという危険である。少なくとも、今の段階ではそうだと思う。

最終章では、成果のとりまとめ、即ち目的の明確化とそれに対応する方法の提示を行うのが私のような職業の者の常道なのだが、それは避けることにした。そこで用いたのが、明確な目的を前提としない「作法」という言葉である。第5章では、「圧倒的な空間資源を可視化する」、「利用の構想力を引き出し組織化する」、「場の設えを情報共有する」、「行動する仲間をつくる」、「まち空間の持続的経営を考える」、「アレとコレ、コレとソレを結ぶ」、「庭師を目指す」、「建築を卒業する」、「まちに暮らしと仕事の未来を埋め込む」、「仕組みに抗い豊かな生を取り戻す」という一〇個の作法を用意した。目的を明確にしていない以上、これらは方法ではないつもりだが、「コレ、作法?」という記述も混じってはいる。そう感じた方は、第三世代に仲間入りしたいものの、身体がそれを許さない者のご愛嬌と思って読み飛ばして頂きたい。お恥ずかしい限りではある。

ただ、本書全体を通じて、私たちが今立っている場所の歴史的な地層を感じ、その中にもまだまだ掘り出し物があることを見出して頂ければ、私としては本望である。

第1章 建築の近代——第一世代の民主化

†君みたいなお嬢さんは量産されるべきだ

「我等の生涯の最良の年（The Best Years of Our Lives、一九四六年米、製作：サミュエル・ゴールドウィン、監督：ウィリアム・ワイラー、出演：フレデリック・マーチ、マーナ・ロイ、ホギー・カーマイケル他）」、アカデミー賞を九部門で受賞した戦後アメリカの国民的映画である。この中に興味深い台詞が出てくる。この映画の最後に結ばれる主人公の男女が、初めて言葉を交わすシーンでの台詞、女性に好感を持った男性の発した一言である。

"You ought to be put into mass-production."（君みたいなお嬢さんは量産されるべきだ）

この言葉を聞いて、女性は顔を赤らめる。今の時代感覚からすれば相当にいかれた台詞である。けれども、一九四六年のこの映画では人を褒めるちょっと気の利いた台詞として扱われている。

二〇世紀前半に、それまでのパトロネージュに基づく芸術としての建築ではなく、一般市民のための建築を創ることを目標に掲げた新しい世代の建築家たち、その後近代建築の新しい様式を創り上げていくことになる建築家たち、彼らの中には、この台詞に似た感覚があったのだと思う。まともな住まいや学びの場や職場がない人々に対して、新しい建築のプロトタイプを提示し、それを世界中に普及させること。それが当時の建築家のごく自然な理想だった。二〇世紀後半に生まれ育った私のようなものにとっては、マスプロダクションは画一的なものを大量に生み出す陳腐な手法にすぎなかったが、二〇世紀前半のマスプロダクションはもっとずっと輝いていたのだ。そのことを教えてくれる台詞だった。

さて、この映画の最後の方に出てくるシーンも興味深い。主人公の男性は太平洋戦争で爆撃手として活躍し、勲章までもらって故郷に帰ってくる。帰還当初は町の人々にもてはやされていたが、戦闘と無関係だった町の人達になじめず、どこか知らない町へ行ってしまおうと決意して飛行場を訪れる。彼はそこで解体されつつある大量の戦闘機に出くわす。自分の乗っていたのと同型の爆撃機B17を見つけ、無意識の内に爆撃手の席に座る。忌まわしい記憶が甦ってきたその時、外から声を掛けられ正気に戻る。降りていって「解体・廃棄するのか」と聞くと、「いや、解体材料でプレハブ住宅を作るんだ」との答え。この答えを聞いてそれまで曇っていた主人公の表情はにわかに希望に満ちたものに変わる。「仕事はないか」と問うと「建築関係の仕事の経験は？」と問い返され、「経験はないが仕事は覚える」と気迫をもって答える。その結果、主人公は即

図1 「我等の生涯の最良の年」

時採用となり、プレハブ住宅の生産に従事するという展開だ。

ここにも、二〇世紀前半の建築が置かれていた状況が鮮やかに描き出されている。それは国家的な軍事部門から国民の生活・生計、すなわち民生部門への転換という現象である。このシーンは、建築行為が、戦争という破壊行為との対比において十分に輝きを持っていた時代を象徴しているし、それは建築家たちの職能意識を高らしめたに違いない。

†グロピウスの住宅工業構想

そんな時代の意識を象徴する建築家の中でも、世界的に強い影響力を持つにいたった人物に、ヴァルター・グロピウス（一八八三―一九六九年）がいる。大作曲家グスタフ・マーラーの妻アルマの再婚相手だったことでも知られるグロピウスは、丁度彼女と恋仲にあったと思われる一九一〇年に、「美的統一原理に基づく住宅供給企業の設立企画書」と題された文書を、当時の大企業ＡＥＧの経営者エミール・ラーテナウに提出している。広く人々のために低廉で質の良い住宅を供給する企業活動を具体的に構想した企画書として、他に例のないものであった。そして、第一次世界大戦を経て、総合芸術としての建築教育を目指す国立バウハウスの初代校長を務めた時期（一九一九～一九二八年）に、「バウハウス叢書」の中で再度そうした企業の必要性を論じている。

「住宅工業」と題された彼の論文（バウハウス叢書3『バウハウスの実験住宅』、貞包博幸訳、中央公論美術出版、一九九一年・オリジナルは一九二五年刊）は、大戦を「苛酷な世界的大事件」とした上で、以下のように工業化の必要性を強く訴えている。

「世界情勢の変化に合わせて、規格住宅をこれまでよりもより安く、より良く、より豊富に建設し、そして個々の家庭に健全な生活基盤を築こうというかつての理念を実現することがいまや重要な課題となっている」

ここでいう規格住宅とは、「量産されるべき」「君みたいなお嬢さん」を住宅に置き換えた類のものと言え、部品の組み合せによるある程度のバリエーションを念頭に置いてはいるものの、優良なプロトタイプを量産して広く迅速に普及させる点にこそ力点が置かれていた。曰く、

図2　ヴァルター・グロピウス
© René Spitz

「大規模な集合住宅や住宅群が、規格建築方式の統一的な計画に基づくのではなしに、いまもってすべてが互いに異なった、無数の一つひとつの設計に基づいて手作業で建てられているため、このことから生じる資金、時間、労働といったものの莫大な浪費はどうにも防ぎようがな

い」

かつて、フリードリッヒ・エンゲルスがマンチェスターを中心とするイギリスについて著し（『イギリスにおける労働者階級の状態』一八四五年）、日本についても横山源之助が実態を報告した（『日本之下層社会』一八九九年）ような、人々の貧しい居住環境を、近代文明社会に相応しい健全なものにしようという思いが、グロピウスの世代の若い建築家を駆り立て、プロトタイプの量産という手段を構想させたのである。建築の近代の根っこにある考え方である。ここで、こうした構想が目指す状態が、人々がそれぞれに健全な生活をおくれる基礎的な環境を整えることであったことから、それを「第一世代の民主化」と呼ぶことにしよう。

†フラーの居住機械

この世代の心持は、グロピウスより四歳若い近代建築の大立者ル・コルビュジェ（一八八七―一九六五年）にも顕著に見られる。コルビュジェはその著作『建築をめざして』（一九二三年）の中で、次のように量産家屋の必要性を訴えている。

「もし人々が、家屋に関する従来の固定観念を情においても理においても打破し、批判的客観的な問題提起をするならば、健全で美しい道具的家屋、量産家屋の考えに到達するだ

ろう」(吉阪隆正訳、鹿島出版会、一九六七年)

このコルビュジェの言葉は、時代精神をよく表しているが、その表現の直截さにおいては、建築家という範疇に納まりきらない多彩な活躍で知られるあるアメリカ人の提案に勝るものはない。リチャード・バックミンスター・フラー(一八九五―一九八三年)のそれである。

幼い娘を病で失い悲しみのどん底に突き落とされたフラーは、その後、地球上の全ての人に、文明の恩恵を最大限に受けられ、健康的な生活をおくることができる住宅を届けるという壮大な夢にとりつかれた。一九二〇年代末から、「4Dハウス」(その後「ダイマキシオン・ハウス」と呼ばれるようになった)の名のもとに、アルミ合金等の新素材と材料の張力を最大限に発揮させる構造方式を用い、空輸が可能な住宅の設計に取り組み、一九三〇年代にはその中に据え付ける世界初の浴室ユニットや、空陸両用の輸送機関の開発に取り組んでいたが、それらの構想は一九四七年に「ダイマキシオン居住機械」という名で実現した。

それは、中心の一本柱から軽い屋根を吊った形の不思議な円形平面の住宅で、アルミ合金製の屋根材や外壁材等、工場生産された部品を、機械のごとく組み立てれば出来上がるというものだった。おまけに、殆どの部品は大きな筒に格納でき、その筒を住宅が必要な地域に輸送すれば、素人でも先端技術の詰まった住宅を組み立てられる設計になっていた。

製造したのは、戦時中まで航空機を手掛けていたビーチ・エアクラフト社。同社が一九四四年にフラーを招き、戦後の新たな分野への技術転用等について講演してもらったのがプロジェクトのきっかけになった。この時、フラーは住宅分野への技術転用の重要性と可能性を力説したという。同時代の映画「我等の生涯の最良の年」の終盤の飛行場でのシーンと重なる、軍事部門から民生部門へという希望に満ちた転換である。

図3　フラーのダイマキシオン居住機械（現在ヘンリー・フォード・ミュージアムに復元されている）

結局このプロジェクトは、フラーが望んだ技術的検討を十分に行わないまま一棟だけ試作され、実用化には至らなかったのだが、フラーの作品集には興味深い写真が掲載されている。このダイマキシオン居住機械の複製品が、等間隔で並ぶ住宅地計画のそれである。変化もバリエーションもない。「君みたいなお嬢さんは量産されるべきだ」の時代精神がとても素直な形で表れている。

かくして、近代建築の巨匠や二〇世紀のデザイン・ヒーローが、異口同音に必要性を説き、具体的な提案もしたものだから、いつの間にか、人々のために複製可能なプロトタイプを提案するのが建築家の役割だとする考え方が、建築界に根付き、時代が変わった今もなおそのように考えている人が多く見受けられる。しかし、本書で後述するように、これはあくまで第一世代の、つまりは過去の目標としての状態にすぎない。

†花開いた鉄筋コンクリート技術

第一世代の民主化が前提とする量産には、それを可能にする新しい技術が必要であった。当時の欧米で一般的だった石やレンガを積み上げて建物を築くやり方では、手間がかかりすぎるし、材料費も相応にかかる。一方、フラーの構想にあるようなアルミ合金等は高価すぎて、とても普遍性を持った技術とは見なせなかった。そこで、時代の要請に応え得る新材料を用いた技術として重宝されるようになったのが、二〇世紀初めには離陸の準備が整っていた鉄筋コンクリート技術だった。特に第二次世界大戦後、洋の東西を問わず大量に建設された勤労者向けの集合住宅は、殆どが鉄筋コンクリート造だったたし、エンゲルスや横山源之助の時代から今もなお各地で見られるスラムの居住環境を改善しようとするハウジングの多くは、鉄筋コンクリート技術によるものだ。先述の「美的統一原理に基づく住宅供給企業の設立企画書」の中で、グロピウスは、二〇世紀初頭のトーマス・エジソン（一八四七―一九三一年）による鉄筋コンクリート技術の発明に言及しているし、コルビュジェは、鉄筋コンクリート造を前提としたプロトタイプの設計を行っている。

コンクリート自体の歴史はローマ時代にまで遡り得るが、圧縮に強いものの引張りに弱いコンクリートの構造材料としての弱点を補うために、中に鉄筋を打込む鉄筋コンクリートの歴史となると、一九世紀半ばからということになる。

砂とセメントと水を混ぜて作るモルタルに鉄筋を入れる発明として、フランス人のジョセフ・ルイス・ランボーによる船の特許（一八五五年）と、同じフランス人のジョセフ・モニエによる植木鉢の特許（一八六七年）が有名だが、それらがすぐに鉄筋コンクリート造建築に結び付いたわけではない。産業革命の時代の空気を吸って育った技術者たちが、各地で独自に試行を繰り返し、それらが直接間接に影響し合いながら、二〇世紀に入る頃には、多くの人が使える鉄筋コンクリート造建築の技術が形を整えていったのである。

例えば、それまで比較的高価な石材の代用品としてブロック状でしか使われていなかったコンクリートを、施工現場に組み立てた型枠を使って版築のように突き固めることで、一体化したコンクリート造の建築を可能にしたフランソワ・コワニエ（一八一四―一八八八年)。父親の始めた化学工場を兄弟で継いでいたコワニエは、組積造に代わる安価な建設方法の追求を始め、一八五〇年代初頭には、壁、ヴォールト、階段、まぐさ等にコンクリートを用いた工場建屋を建設し、一八五五年にはその経験に基づき、コンクリートの床の中にメッシュ状に鉄筋(iron rod)を入れる方法に言及している。同年のコワニエの言葉が残っている。

「この方法は今日的であり、建築工事における石の時代は終わりを告げるだろう。セメント、コンクリート、そして鉄がそれにとって代わり、石は記念的建物にのみ使われることになろう」(Peter Collins, *Concrete: The Vision of a New Architecture*, McGill-Queen's University Press, 2004、初版はFaber and Faber, 1959から訳出。原典はF. Coignet, "Exposition Universelle : Constructions Economiques en Beton-Pise", Extract from *l'Ingenieur*, 1 November 1855)

このコワニエの発明は画期的なものだったが、コンクリート造ではあっても鉄筋コンクリート造とは呼べないものにとどまっていた。しかし、コワニエの業績が特許や雑誌記事によって知られるようになると、それを更に工学的に洗練させる動きがフランスだけでなく、英米等でも見られるようになった。

アメリカの機械技師だったウイリアム・E・ワードは、梁の下端に鉄筋を入れることの構造上の効果を明確に意識し、一八七三年から工事が始まった自宅の床で鉄筋コンクリートを使った。部分的ではあるが、鉄筋コンクリート造建築の始まりと言える。この自宅は「ワードの城（Ward Castle）」と呼ばれ、ニューヨークに現存している。

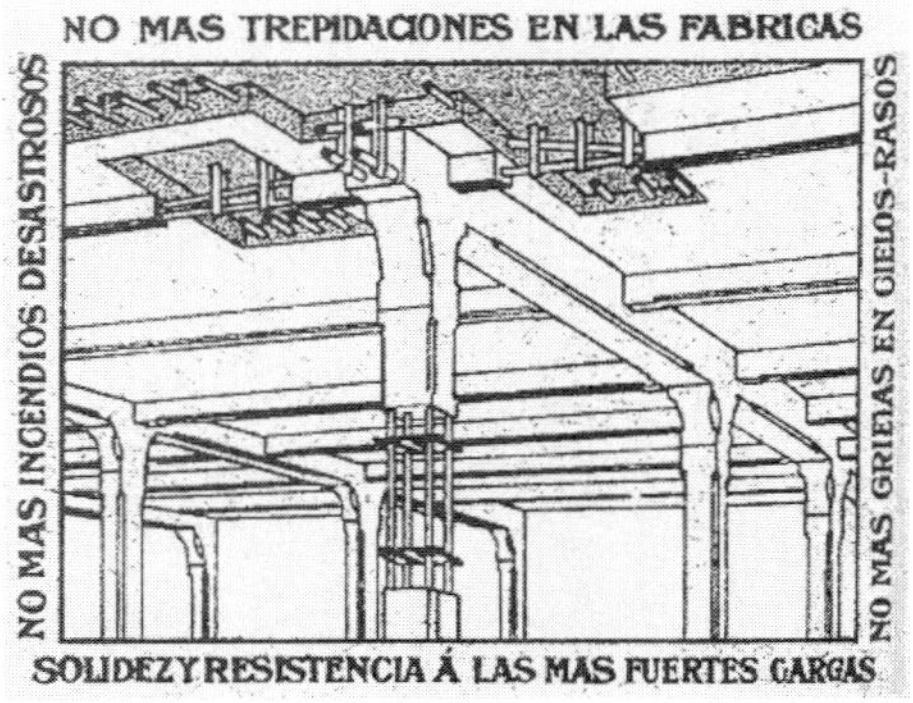

図4　アンネビック工法

その後、ベルギーの石工出身のフランソワ・アンネビック（一八四二―一九二一年）が、一八九二年に、柱梁床を一体的な鉄筋コンクリートとする方法で特許を取得しているが（ベルギーとフランス）、「アンネビック工法」の名で知られるこの方法は、今日の鉄筋コンクリート造の直接的な祖とも言えるもので、二〇世紀を前に、第一世代の民主化の目標である量産に向く鉄筋コンクリート技術の基礎は固まっていたと言える。

二〇世紀に入ると、「アンネビック工法」だけでなく、アメリカのジュリアス・カーン（一八七四―一九四二年）による「カーン方式」や、コワニエの後継事業等も、次々と海外への輸出を始めている。また、グロピウスが彼の企画書の中で触れたことを先述したが、発明王のトーマス・エジソンも、基礎さえできていれば一三日で建て方ができる「エジソン式コンクリート注入住宅」の試作を一九〇九年に行っている。

そして、鉄筋コンクリート造は、二〇世紀を通じて、建築の近代、第一世代の民主化を支える存在であり続けたのである。

†普遍化の象徴としての鉄

鉄筋コンクリートの「鉄筋」が示唆しているように、建築の近代にとって鉄は不可欠な材料だった。特に、従来の銑鉄を用いた鋳鉄（cast iron）よりも炭素含有量が少なく粘り強さを増した錬鉄（wrought iron）や鋼鉄（steel）の量産が可能になる一九世紀には、一八五一年のロンドン万博時に建設されたクリスタル・パレスや、一八八九年のパリ万博時のエッフェル塔等の大規模な記念建造物の建設に用いられただけでなく、住宅等の小規模な建築でも用いられ始めていた。特に、組積造向けの材料や職人を得難い植民地では、輸送し易い軽量の鉄を用いた住宅の建設が少なからず見られた。

欧州の国々が世界各地で植民地を経営していた時代、本国等で加工された部品をパッケージして送り込むビジネスが広く成立していた。「ポータブル・ハウス」とも呼ばれるそれら植民地向けの商品は、木製のパネルを組み立てる方式から始まったが、一九世紀半ばには、鉄を用いたポータブル・ハウスも販売されていた。

一八二〇年代のイギリスで、波型鉄板（corrugated iron）の商業生産が開始された。初めは屋根仕上げ材として細々と利用されていたようだが、一八三七年の亜鉛めっきによるトタン波板の登場、一八四〇年代のロール成形技術の改善による部材の大型化によって利用範囲が拡大された。一八四〇年代から五〇年代にかけては、このトタン波板が基礎となって、バーミンガム、マンチェスター、ロンドン、ブリストル、リバプール等イギリス各地の鉄製建築部品製造業者が次々に新製品を設計し、カタログ販売によってそれらが普及した。植民地向けのポータブル・ハウスはそれらの新製品の中でも中心的なものであった。

それらはどのようなものだったのか。実は、一六〇年以上も前に建設された鉄製のポータブル・ハウスがメルボルンに残っている。「パターソン・ハウス（Patterson House）」である。

今はナショナル・トラストによって保存・公開されているその住宅が建設されたのは一八五三年、丁度ゴールドラッシュの最中である。ロバート・パターソンという人物が、一軒六〇ポンドのポータブル・ハウス（平面が八・一メートル×六・七五メートル、一階に四部屋、小屋裏に二部屋）を五棟、より小さな三〇ポンドのものを一四棟購入して居留地を築いたとされている。その内の大き目の一棟が保存されているのである。外壁のトタン波板は縦使い。案内書の記述によると、板の大きさは二・四メートル×〇・九六五メートル、波の間隔は一二七ミリメートルである。この波板が錬鉄製のアングル材による柱間に嵌め込まれている。その柱はというと、やはり錬鉄製のアングル材を用いた土台に接合プレートを介してボルト接合されている。土台を支えているのは木製杭基礎である。すべてが露出したごくシンプルな納まりである。鋳鉄製の窓とドアの両脇にはやはりアングルの枠材が縦に通っており、トタン波板を横張りにした腰壁、欄間部分を含めてそれぞれ一つのキットになっている。小屋裏は見られなかったが、トタン屋根の下に二本のタイロッドが取付けられているだけらしい。確かに、この構造であれば大した技能がなくてもせいぜい数日で組み立てられただろう。内部は簡素だが主として木材で清潔に仕上げられて

図5　保存されているパターソン・ハウス

いる。内装用の木材も、トタン部材の他、階段部材やマントルピース等と一緒に、一棟分パッケージされて海上輸送されてきたもので、それが証拠に、船積み時につけたであろう部材番号が今も鮮明に残っている。これらが下地材を介して先のトタン板に固定されたのである。

保存を監修したメルボルン大学のマイルス・ルイス教授によると、記録が確認されているオーストラリア最古のポータブル・ハウスは一七八八年のもので、ロンドンのスミス&ベイバー（Smith & Baber）社製の木製の住宅だが、当時のオーストラリアは罪人の植民地で労務費が安く、あまり輸入は発展しなかったようで、逆に一九世紀初めにはシドニーからニューキャッスルやニュージーランドといった大英帝国の他地域に加工した部材一式を輸出していたらしい。トタン波板製の倉庫も一八三九年にはイギリスからアデレードに運び込まれているが、やはり同様の理由でその後しばらくの間の展開ははかばかしくなかったようだ。

状況が一変するのはヴィクトリア州のゴールドラッシュ時（一八五一〜一八五三年）であり、教授の調べによると、あくまで木造が中心だったが、輸入住宅の取引額は一八五二年には一八四八年の五〇倍弱、一八五二年から一八五三年に掛けてはたった一年で九倍になっている。製造元は、半分がウェールズ、スコットランドを含むイギリス本土、他の半分がオーストラリア大陸内、そしてシンガポール、インド等他の英植民地とアメリカ合衆国からだったらしい。ノルウェーやドイツからのものも僅かに見られたが、イギリス以外の欧州植民地建築業者の本格的な活躍はクリミア戦争（一八五三〜一八五六年）以後である。

この教授の話からは改めて二つのことを認識させられる。一つは、大英帝国の広範な植民地支配、或はその力の源であった産業革命は、イメージだけでなく建物そのものの旺盛な流通を通して、一九世紀半ばまでに建築文化の均質化を大いに押し進めていたということ。二〇世紀に入ってグロピウス等のモダニスト達が「国際様式」などと騒いだのは、遅れた現状追認の一種に過ぎなかったと言えなくもない。

いま一つは、二〇世紀に典型的に見られる郊外住宅地建設は、一九世紀植民地における居住地建設と本質的に同じだということ。建築文化の成立していない未開発地に人を住まわせる。しかもそのための簡素で清潔な住宅を、熟練技能を前提とせずに迅速に建設する。こう書けば、二〇世紀と一九世紀のどちらの話をしているのかわからない。

鉄製のポータブル・ハウスは、明らかに、普遍化を目指した建築の近代、第一世代の民主化の先駆けである。

†それは釘の量産から始まった

鉄の量産が建築の近代にもたらしたもの。鉄筋コンクリート造や鋼構造もそうだが、釘の量産も決してそれらに引けを取らない。

産業革命以前の釘は、和釘のように一本ずつ職人の手仕事で作られる高価なものだった。そのため木造建築では、釘を使わずにすむ接合方式等が工夫されたし、可能な限り接合を要しない長い木材を使う構法が好まれもした。

この状況が変わり始めたのは一八世紀末以降である。前節でも登場したメルボルン大学のルイス教授によると、一七九四年、アメリカの発明家であり技師であったジェイコブ・パーキンス（一七六六―一八四九年）が、錬鉄の棒を切断し、その端部に釘頭を形作る二つの工程を機械化し（アメリカでの特許取得は一七九九年）、この発明によって日産一万本の釘生産が可能になった。更に一八〇七年には、同じアメリカのジェシー・リード（一七七八―一八六七年）が、二工程を一つの機械で行う方式で特許を取得、日産一五万本を可能にしたと言われている。

もう一つの重要な技術革新はフランスから現れた。鉄の棒や帯からではなく、コイル状のワイヤーから釘を量産する機械の発明である。ワイヤーから釘を作る方法自体は、一九世紀初頭からフランスで見られたが、一八四四年のパリ博覧会にはその方法に沿った機械が展示された。そして、一九世紀末までには、この製釘技術はフランスだけでなく、ベルギーやドイツでも改良が重ねられ、材料も鋼鉄に変わっていった（http://www.mileslewis.net/australian-building/pdf/08-metals/8.06a-nails-and-screws.pdf）。

日本では、一八七〇年代にフランス製を初めとする洋釘が輸入され始め、価格競争力を持ち得なかった和釘は衰退の一途を辿った。そして、二〇世紀になると、日本でも洋釘の量産が本格化していった。

この一九世紀に実現した釘の量産化こそが、その後世界に広がることになる北米発の木造建築技術の出現を促した。日本で「ツーバイフォー構法」或いは「枠組壁工法」と呼ばれる技術である。この技術は、それまでの比較的太い柱や梁で主たる構造部分を組み上げる木造建築に比べて、スタッド（間柱）や根太といった細い木材と板だけで構成するもので、その相互の接合に釘を格段に多く使う技術である。釘が安価にならない限り決して普及しない構法である。

細い木材の入手には、丸太からそれらを挽く製材機械の発明も必須で、これも一九世紀初頭の帯鋸の発明（一八〇八年・イギリス）と、それを初期には水力で、後には蒸気機関で駆動させる機械の発明という、産業革命の果実によってもたらされた。

釘と細い木材を多く用いるツーバイフォー構法の起源には諸説があり、はっきりとしないところもあるが、以前は、釘と製材の条件が整った一八三二年にシカゴで生まれたという説が有力視されていた。著名な建築史家ジークフリート・ギーディオン（一八八八―一九六八年）がその著書『空間・時間・建築』（太田實訳、丸善、一九六九年、原書は *Space, Time and Architecture*, 1941）で触れたこともあり、発明者をシカゴ在住のジョージ・ワシントン・スノウ（一七九七―一八七〇年）とする説が広まっていたが、それ以前から類似する構法は他所に存在しており、特段「発明」とする理由はないとする説もある。ただ、この時期に「シカゴ構法」とも「バルーンフレーム」とも呼ばれる構法は存在しており、それは、基礎に設置された土台から最上部の桁までを、通しの小断面スタッドで構成し、その間に各階の床根太を留めつけ、それら軸組に板を釘で打ち付ける構法であった。

熟練した大工技能による継手仕口等の加工を必要としないバルーンフレーム構法は、大工技能よりも木材の方が遥かに入手しやすかったアメリカとカナダで経済合理性が高く、一九世紀末までに広く普及していった。特に、素人による組み立ても可能であるその特長は、西部開拓に大きく貢献したと言われている。

日本でも明治初期からバルーンフレーム構法を用いた木造建築が建設されており、一八七八年に建設された札幌農学校演武場（現在の札幌時計台）はその代表例である。

ただし、バルーンフレーム構法は、現在の一般的なツーバイフォー構法とは大きく異なる点がある。バルーンフレーム構法は先に述べたように、スタッドが各階を貫く「通し柱」方式であるのに対して、現在のツーバイフォー構法はスタッドが各階の床で切れる「管柱」方式であり、一階の床を組んだら、その上で一階の壁のためのスタッドを組んで、一階部分の壁を作り、その上に二階の床を組んだら、またその上で二階の壁を組むという具合に、一階ごとに作業床を確保する建て方になっている。この作業床を確保できることから、現在の構法は「プラットホーム構法」と呼ばれ、バルーンフレーム構法とは明確に区別されている。アメリカやカナダでプラットホーム構法が出現する時期は特定できていないが、遅くとも一九二〇年代の文献ではその存在を確認できる。

もちろん、釘と細い木材を多用する点は、二つの構法に共通しており、二インチ×四インチを典型とする小さな規格断面の木材を主に使うことから、日本では

図6　バルーンフレーム構法による札幌時計台

「ツーバイフォー構法」と総称し、一九七四年からは建築基準法上特別な認定等を必要としないオープンな構法として位置付けられ、これまで増加の一途を辿っている。

†フォードのように住宅をつくる

釘の量産と製材機械の発達が可能にしたツーバイフォー構法。この北米由来の木造建築の構法が、その量産に向いた特性をいかんなく発揮したのが、二〇世紀半ば、ニューヨーク郊外でのレヴィットタウンの開発である。

「狩猟禁止」の看板が出ていたほどの人里離れた場所に、ウィリアム・レヴィット（一九〇七―一九九四年）率いるレヴィット・アンド・サンズ社が住宅を建て始めたのは一九四七年。それから一九五一年までの四年間に合計一万七四四七戸もの住宅が建ち、戦後の世界の大規模な郊外住宅地開発に先鞭をつけることになった。

この住宅地開発の成功ぶりについて、当時の地元紙は次のように報じている。

「レヴィットタウンはアメリカ国内のみならず海外でも有名になり、今やニューヨークを訪れる観光客が自由の女神と同じくらい見に来たがる場所になっている。実際、過去一年半の間に、レヴィットタウンの中心に位置する二棟のモデルハウスと展示会に一〇〇万人以上が訪れたのである」（Nassau Daily Review Star 一九五一年六月一三日号）

また、「一〇〇年—二〇世紀のアメリカのハウジングに最も大きな影響を及ぼした人物トップ一〇〇」という特集を組んだ『*Builder*』誌（一九九九年一月号）では、フランクリン・ルーズベルト（一位）、フランク・ロイド・ライト（二位）、ヘンリー・フォード（三位）、ジェシー・クライド・ニコルス（四位）に続き、ウィリアム・レヴィットを五位に選んでいる。

では、何故レヴィットタウンがこれほどにも有名になり、またどうして歴史的に大きな位置を与えられたのか。もちろん、人気のない場所に思い切った規模の住宅地を開発するという新しいハウジング系ビジネスを発明したということもあるが、庭付きの戸建住宅に住むという庶民の夢を叶え得たことが決定的だったのだと思う。その意味で第一世代の民主化の象徴だと言っても良い。

総戸数一万七四四七戸のレヴィットタウンではあるが、実際のところここには数種類のスタイルの住宅しか建っていない。先ずは、一九四七年から一九四八年にかけて建設されたケープコッド（Cape Cod）型住宅。当初月六〇ドルの賃貸として供給が始まったが、希望者も多くまたレヴィットが分譲ビジネスの方に魅力を感じ始めたことから、一年後には七五〇〇ドルで譲渡された住宅である。供給戸数は六〇〇〇。外観は至って単純な平屋建てだが、内部には大衆消費社会の夢をくすぐるイコンが並べられている。

図7　保存されているレヴィットタウンの発売当時のキッチン

その様子は、オリジナルの建材を用いて博物館内に再現された当時の内装を見れば十分に実感できる。居間にビルトインされた飾り棚は、住宅の廉価さに比してリッチな印象を与えるし、台所に設置されたGE製の三つ口レンジと冷蔵庫、ベンディックス社製の洗濯機は、アメリカにおいてすら当時まだ一般に普及していない最新の家電機器であった。それらが住宅価格の中に含まれていたのである。流し台も既にステンレス製（一九四七年の初期においてのみ陶器製のシンクだったようだが、その後すぐにステンレス製に替えられたとのこと。ちなみに日本の住宅公団のステンレス流し台はこの一〇年以上も後のことである）。階段の側面には埋込み型の本棚もあった。

一九四九年、アメリカ政府の住宅金融施策を受けて分譲住宅として登場するランチ型住宅はケープコッド型よりも少し大きく、当時の販売価格は七九〇〇ドル。毎年少しずつデザインと仕様を変えながら一九五一年までに一万一四四七戸が販売された。この型では、ケープコッド型になかった収納間仕切が居間と台所の間に設置され、必要に応じて間取りが変えられるようになっていた。暖炉がビルトインされたのもこの型からである。一九五〇年モデルからは新たに屋根面のドーマー窓と屋内駐車スペースが附加され、階段の側面には本棚に代わってテレビが埋込まれていた。日本でテレビ放送が始まる三年も前のことである。

勿論、新しい郊外での夢の生活を演出したのは、こうした住宅内の装備ばかりではない。レヴィット・アンド・サンズ社は、自らの開発地の中にショッピングエリアを持つ七カ所の広場、九つのプール、一〇カ所以上のバスケットボールコートを設け、広場の一つには「レヴィットタウン・ホール」を建設しコミュニティに提供した。

レヴィットタウンが神話化されているのは、こうした夢を庶民の手の届くものにしたその廉価さによってでもある。

レヴィット・アンド・サンズ社はウィリアムの父エイブラハム・レヴィットによって創設され、戦前から住宅地開発事業を手掛けていた。戦時中には、海軍から造船所工員住宅一六〇〇戸建設の注文を受け、これに将校用の七五〇戸も加えて僅か一八カ月で完成したことがある。ウィリアムはここで一階床をコンクリート製のプラットホームとし、現場から現場へと順次職人を移動させる手法を導入し、その効果に確信を持ったと言われている。また、やはり戦時中のハウジングで、このコンクリート製スラブの中に温水パイプを打込む暖房方式を試し、その経済性を確認してもいる。

そして戦後、大量の帰還兵のための住宅の需要が爆発的に増えるのを見越して、それまでにない規模でレヴィットタウンを開発するわけだが、戦時中の経験に新しいアイデアを加えて廉価な庶民の夢を完成させる。先ず、上述のコンクリート製のプラットホームの採用に関しては、地下室を必須のものとしていた当該自治体の条例を緩和することに成功し、実行に移した。

資材調達の面では、その開発規模を活かしてそれまでにない流通経費節減を実現した。具体的には、木材に関してはカリフォルニアに自ら所有していた製材所でプレカットしたものを、また木材以外の建材についても自ら一九三五年に設立していた流通拠点（North Shore Supply Company）から直接貨物列車で現地に運び込んだ。

そして、何と言ってもレヴィットタウンにおける生産方式の革新は、施工現場の新しい組織化にあった。建設業者五〇社と専属契約を結び、組合未加入の職人を集め、彼らを二七のチームに分けた。ウィリアムによる二七の工程分割に合わせたものだ。各チームは担当の工程が終われば次の住戸に移動し、後には次の工程担当のチームが入る。この方式によって、二年目の一九四八年には日産三〇戸のペースで住宅が次々に完成したと言われている。ピューリッツァ賞作家のD・ハルバースタムが「ヘンリー・フォードのマスプロダクションを建設現場に持ち込んだ」と称した施工方式である。

かつてルイス・マンフォードに「樹木のない共同のゴミ」と吐き捨てられた郊外住宅地レヴィットタウンだが、人々はここでの生活を愛し、今や博物館までできている。五〇周年時、レヴィットタウン歴史協会は「レヴィットタウンの歴史」を次のようにプライドをもって締め括っている。

「五〇周年を迎えたレヴィットタウンは、最早金太郎飴のような画一性を非難されることはない。むしろそれは機知と創造性に富む人間の力を想い起させるものになったのだ。そして、レヴィットタウンは、その五〇周年を迎え、殆ど画一的だった何千戸もの住宅地を、今日のようにユニークで魅力的で現代的なコミュニティに見事に変身させてきたこれまでの住民の創造性の証として存在し続けている」

この住宅地を訪ねると、同時代のあの映画の台詞が説得力をもってリフレインする。

「君みたいなお嬢さんは量産されるべきだ」

†日本固有の近代化の様相

ここまで欧米に話題が集中したが、日本はどうだったのか。日本の近代化は、西洋化というステップを必須としており、建築においても、欧米の技術や思想を前近代的なものから近代的なものまで、貪欲に学び、模倣し、吸収してきた。ただ、日本には固有の環境条件があった。それは、圧倒的に木造建築の国であり、それを支える職人が全国各地に数多く存在していたという環境条件である。

例えば、建築史家の渡辺保忠は、日本が高度経済成長期に入り、遅ればせながら建築の量産を本格化させようとしていた時期に、大工を中心とする職人の拡大・普及こそが近代化を支えるという日本固有のあり方を、歴史的な経緯を辿りながら明らかにしている(「工業化への道」、不二サッシ、一九六二年)。

それによると、元々「大工」は古代の官僚組織における建設技術者のトップを指すもので、平安時代中期(一〇世紀)に編纂された律令の施行細則「延喜式」では、宮廷の建設工事を担う木工寮工部は、統括責任者である大工一名とそれを補佐する次席の少工一名の下に、各工事を担当する木工、土工、瓦工、ろくろ工、檜皮工、石灰工等の技術責任者である長上工一三名、専門技術者である番上工数十名、更に彼らの指揮の下で働く駆使丁、飛驒工といった労働者三〇〇名ほどで構成されていた。つまり、この時点では大工は官僚組織である木工寮にただ一人だったのである。

平安末期には、いわば国家事業としての造営の建設費を国司や貴族が負担するようになり、官僚組織の技術者もそれら貴族に雇われる技術者「雇工」に変化していった。ただし、この時点でそうした高級な技術者が働いていたのは、一部の特権階級による建築に限られていた。

図８　川越三芳野天神縁起絵巻に描かれた日本の大工。17世紀半ば頃のもの（『絵図 大工百態』新建築社刊より）

渡辺は、それが大きく変化するのは、大規模な築城と城下町の建設が一段落した元和年間（一六二〇年代）を過ぎたあたりからだとしている。それまで一部の支配階級の建築にのみ必要とされていた大工技術とそれを支える職人が、需要の急減に対応すべく職場を拡大し、都市の町屋や比較的富裕な農家の建築に従事するようになったというのである。古代には特別な国家的事業にしか使われていなかった専門技術者による高度な木造建築技術が、時代とともに適用範囲を拡げ、ついに近世になってすべてのとは言わないまでも、各地の多くの階層が利用できるところにまで普及したことになる。第一世代の民主化に通ずる現象である。

明治以降の日本の建築生産は、この長い歴史の中で培われてきた大工中心の木造建築職人社会の上に展開された。そして、建築の近代化は、職人社会の活躍する地域や階層の更なる拡張によって成し遂げられていった。もしも十分な数の優れた職人が全国津々浦々に存在していれば、工場生産等の量産技術を用いるまでもなく、「君みたいなお嬢さん」が全国のそこここにいる状態を実現できる。

中核職種である大工の人数を国勢調査で見てみよう。大工人数の統計がとられ始めた一九三〇（昭和五）年の国勢調査では四五万六九四三人。当時の日本の人口は六四四五万人であるから、国民約一四〇人あたり一人の大工がいるという状態だった。当時よりも遥かに建築工事量の多い最近の二〇一〇年に、約三二二人に一人しか大工がいないという状況であることを考えると、少なくとも戦前の大工数は、建築の近代化を支えるのに十分なものだったと言えそうである。

戦後の大工数を見てみよう。一九五〇年は「大工徒弟」という分類があり、これを合わせると四九万七八九六人（約一六七人に一人の大工）、一九五五年は五二万三九六七人（約一七〇人に一人）、一九六〇年は六一万四八九〇人（約一五一人に一人）、一九六五年は六九万二九〇五人（約一四二人に一人）、一九七〇年は八五万二七四五人（約一二二人に一人）、一九七五年は八六万八四五〇人（約一二九人に一人）、一九八〇年は九三万六七〇三人（約一二五人に一人）。ここまでは大工数は増加の一途を辿っていた。第一世代の民主化を代表する数字と言っても良いだろう。

ところが、一九八〇年を境に大工数は減少し始める。一九八五年は八〇万二七〇〇人（約一五一人に一人）、一九九〇年は七三万四〇八七人（約一六八人に一人）、一九九五年は七六万一八二二人（約一六五人に一人）、二〇〇〇年は六四万六七六七人（約一九六人に一人）、二〇〇五年は五三万九八六八人（約二三七人に一人）、二〇一〇（平成二二）年は三九万七四〇〇人（約三二一人に一人）という具合である。

本書でテーマ設定しているように、今日は最早第一世代の民主化の時代ではないのだが、特に二一世紀に入ってからの減少の速さは異常であり、日本の職人社会が長い年月をかけて形成されてきたことに思いをいたす時、その役割の変化については考える余地があるものの、大きな危機感を覚えずにはいられない。

†戦争と平和

日本における建築はいつ頃どのように量産されたのか。新設住宅着工戸数を例にとるとわかりやすい。時の鳩山首相が「もはや戦後ではない」としながらも、まだまだ住宅不足が深刻な社会問題だった一九五五年。政府が、大都市圏の勤労者を主なターゲットとした住宅を量産するために、日本住宅公団（現在のUR都市機構）を設立したこの年に、日本で新たに着工された住宅の数は二六万戸（人口一〇〇〇人あたり二・九戸）にすぎなかった。それが、五年後、池田内閣の所得倍増計画が策定され、高度経済成長期が幕を開けた一九六〇年には四二万戸（一〇〇〇人あたり四・五戸）、更にその五年後の一九六五年には八四万戸（一〇〇〇人あたり八・五戸）と倍増し、一九六八年には遂に一〇〇万戸を突破、高度経済成長が終焉する一九七三年には最高値一九〇万戸（一〇〇〇人あたり約一七戸）を記録した。その後もリーマンショックの起こった二〇〇八年まで年間一〇〇万戸台は続いた。まさに一九六〇年代後半から二〇〇八年までの長きに亘って量産時代が続いたのである。

誰がそれを担ったのか。一九八〇年まで増え続けた大工がその中核を担ったのは間違いない。しかし、高度経済成長期の建設量の増加率と比べれば、大工の増加率は小さなものだった。やはり二〇世紀的な工場生産が、とりわけ建材の工業化が大きな役割を果たした。

左官仕上げは窯業系や金属系のボード張り、サイディング張りに姿を変え、タイル貼りの室内に木製の風呂桶を置いた浴室は強化プラスチック製のバスユニットに、木製のガラス戸はアルミサッシに取って代わられた。木造の軸組構法を合板パネル組み立て式の構法に置き換えたプレハブ住宅も現れたし、木工事を殆ど不要とする鉄骨構造のプレハブ住宅も新たに開発された。そして、そうした新しい工業材料や構法の開発には、フラーの例に見られるような、従来軍需に対応してきた工業力の平和利用という側面が少なからず見られたのである。

典型的なのは、構造躯体に鉄を用いたプレハブ住宅である。今日年間に一万戸を超える住宅を供給するような大手住宅メーカー、その中心は、一九六〇年代から一九七〇年代にかけて鉄を用いたプレハブ住宅を開発し、それをもって住宅事業に参入した企業群である。現在のブランド名で言えば、積水ハウス、大和ハウス、セキスイハイム、旭化成へーベルハウス、パナホーム、トヨタホーム等である。

戦前、鉄は主に軍需と機械向けの材料として生産されていた。「鉄は国家なり」と言われる所以である。一九四一年の出荷先を見ると、軍需と機械向けがそれぞれ四割弱、建設向けは三％にすぎない。戦時中には更に軍需の中心性が増し、一九四三年に日本の粗鋼生産量は明治以来のピークに達した。戦後しばらくは連合国の占領政策もあって低迷していたが、一九五〇年に勃発した朝鮮動乱による特需をきっかけに再び生産量が伸び始め、一九五三年には戦前の水準にまで回復した。しかし、朝鮮戦争が休戦となり、日本の鉄鋼業はその生産能力に見合う新たな市場を見出す必要に迫られた。その中で、有望な市場として注目されたものの一つが、大きな成長の見込まれた建築市場だった。

建築市場への展開に相応しい材料として一九五〇年代半ばから一九六〇年代後半にかけて開発されたものの代表格が、二次部材や低層建築の構造躯体としての利用が可能な軽量型鋼と、高層建築の構造躯体向けのH型鋼である。アメリカでは既に一九四〇年代から実用化されていた冷間成形による軽量型鋼が初めて国産化されたのは一九五五年。八幡製鉄の関連会社中之島製鋼によるものだった。同じ年には、軽量型鋼を構造躯体に用いた建築の開発等を促進する「日本軽量鉄骨建築協会」が設立され、多くの建築関係者が利用可能な設計法、施工法等の開発を進めた。実際、一九六〇年頃に相次いで住宅市場に参入した大和ハウスや積水ハウス（当初は積水化学工業）、パナホーム（当初はナショナル住宅建材）は、木造とは異なる不燃性のある組み立て住宅を志向し、当時利用可能になっていた軽量型鋼の技術を用いて独自のプレハブ住宅を開発した。

黎明期のプレハブ住宅技術者の証言を集めた拙著『箱の産業―プレハブ住宅技術者たちの証言』に詳述しているが、一九六〇年頃の若い建築技術者の中には、量産できるプロト

図９　1960年頃のプレハブ住宅の例──積水ハウスＡ型（写真提供：積水ハウス）

タイプの開発という、建築の近代を象徴する考え方の影響が少なからず見られ、間取りや外観スタイルを決めて名前を付けた商品という、それまでの建築とは異なる方式が急速に普及した。当時の商品名には、「Ａ型」とか「Ｂ型」というように「型」の字がついているものが多いが、これこそプロトタイプ志向の端的な表れである。

しかし、注文住宅に憧れを持っていた多くの住み手にとって、間取りが決まったプロトタイプは窮屈なもので、それぞれのメーカーが量産規模を確保するには、個々の住み手の要望に対してより柔軟な対応が必要だった。特に一九七〇年代以降、「君みたいなお嬢さんは量産されるべきだ」という考え方が、多くの人にとって制約の多いお仕着せにすぎないということを、多くの住宅メーカーが学ぶことになった。

第2章

建築の脱近代

——第二世代の民主化

†一九七〇年代末、私が学生の頃

私は一九五七年生まれなので、ここまで訳知り顔に書いてはきたが、映画「我等の生涯の最良の年」が封切られた年にはまだ生まれてもいなかったし、建築を志した時には、グロピウスもコルビュジェも既にこの世を去っていた。だから、ここまでの話はすべて後から勉強した事柄で、私は何とかして自分が吸っていない時代の空気を読み取ろうとしたに過ぎない。対して、本章からは私が大人になってからの話、自身で空気を吸ってきた時代の話である。

私が大学に入った一九七〇年代の半ば過ぎ、多くのものが既に終わっていたか終わりかけていた。

一九七二年にはローマクラブの第一報告書「成長の限界」が発表され、翌年にはシューマッハの"*Small is Beautiful*"が刊行される等、経済活動の成長に関する思考の枠組みが、先進国中心に大きく変わり始めていた。一〇年余にわたって続いた日本の高度経済成長も、一九七三年の第一次オイルショックを境に終焉していた。東京オリンピックも大阪万博も思い出になっていた。ビートルズはとっくに解散していたし、長嶋は引退、巨人の連覇も過去のものになっていた。大学入試の時には、ロッキード事件が起こり、小佐野賢治等の国会証人喚問が話題になっていた。それが田中角栄の日本列島改造論の終わりを示していることは未成年の目にも明らかだった。人類を月へ送り込むアポロ計画は既に過去のものだったし、ベトナム戦争も終わっていた。そして、アメリカの国民的映画は地上の戦後を描いた「我等の生涯の最良の年」などではなく、SF宇宙戦争ものの「スターウォーズ」やディスコ狂いの若者をあっけらかんと描いた「サタデイナイトフィーバー」になろうとしていた。フランスのヌーヴェルヴァーグは既に史実であった。

建築の近代はある意味では終わり、別の意味では続いていた。

大学の建築学科や建築デザイン系の言論の世界、すなわち「ケンチク」の世界では、第一世代の民主化のテーマである普遍化やその手段だったプロトタイプとその量産など、全くなかったかのように作品としてのケンチクが語られ、スタイルとしての「ポストモダン」が論じられていた。ここにおいては建築の近代は終わっていた。

図10　シューマッハの *“Small is Beautiful”*

他方で、第一世代の民主化を支えた近代技術はその量産性を継続的に高め、「タテモノ」をつくる産業は巨大になっていた。鉄筋コンクリート造は生コンと合板型枠、そして流動化剤等でその量産性を高めていたし、H型鋼や角形鋼管を用いる鋼構造建築の生産はマニュアル化されていた。地震国日本でも、超高層ビルが当たり前のように建てられるようになっていたし、超高層マンションも出現していた。ツーバイフォー構法は誰もが使える技術になっていたし、プレハブ住宅メーカー各社は大企業になり、彼らを中心に「住宅産業」と呼ばれる新しい産業分野が確固たる地位を築いていた。ここにおいては、建築の近代はまだ前に進んでいるようだった。

そして、おかしなことに、建築外の方から見れば同じ一つの世界と思えるだろうこの二つの世界は、ほとんど直接的な関係を持たず、ケンチクの世界はタテモノの世界をまるで見えないもののように扱っていた。ケンチクの世界は、第一世代の民主化の名残で、発注者としての「公共」の力に大きく依存しつつも、一九世紀のパトロンの庇護のもとにある芸術家のように振る舞っていた。対して、タテモノの世界はオイルショックの後遺症に苦しみながらも、量産をビジネスの手段とする術を完全に手中にし、近代化の路線上をさらに邁進していた。

†ヴァナキュラーとシステム

一九七〇年代の終わりに私が卒論の研究室として選んだのは、内田祥哉教授（現東京大学名誉教授・日本学士院会員、一九二五年―）が指導する建築構法・建築生産の研究室だった。一九五〇年代末に活動を始めたこの研究室は、一九七〇年代半ばまでは、工業生産された建築部品や新建材の使用を前提にした新たな建築設計の方法論と、工業化された建築生産の新しい仕組みを主たる研究対象としていた。設計と生産の両方を扱うというその特異な位置付けから、この研究室ではケンチクに対する関心とタテモノに関する関心が共存していた。そして、それらの研究テーマ群は、建築の近代、第一世代の民主化を象徴するものだったと言って良い。

しかし、私がこの研究室に配属された頃には、初期から続いたこれらの研究テーマはほぼ終わっていた。代わって一九七〇年代末に主要な研究上の関心事になっていたのは、「ヴァナキュラー」と「システム」である。

先ずは、ヴァナキュラー。近代以前に建てられたそれぞれの地域の民家の類を、それらが強く帯びていた地域性から「ヴァナキュラー（方言）建築」と呼ぶのだが、国際様式とも機能主義とも呼ばれた近代建築への反動からか、既に一九六〇年代にはその再評価が始まっていた。

再評価されたのは、ケンチクにもタテモノにも括ることのできない、生活文化総体を表す形象としての特質だったと言えよう。それぞれの地域固有の暮らしを表す間取り、限られた地域の素材や大工技能の組み合せが歴史的な蓄積を示す内外観とディテール、飾りや構えが家格を示す象徴性、そして気候条件に対応した環境制御の仕掛け等、近代化の中でのプロトタイプに欠落していたその魅力が、多くの建築人の心を、そして近代社会を生きている一般の人々の心までを捉え始めたのだろう。

一九五〇年代末という早い時期に、日本全国の民家を紹介した『日本の民家』全一〇巻（文：伊藤ていじ、写真：二川幸夫、美術出版社、一九五七〜一九五九年）という貴重な仕事があったが、そのテキストをまとめた伊藤ていじ（一九二二—二〇一〇年）の『民家は生きてきた』（美術出版社、一九六三年）は、伊藤自身も「ずいぶん売れたね」（『INAX REPORT』no.177、二〇〇九年）と発言したほどに読まれたようである。

同時期（一九六四〜一九六五年）に、アメリカでもヴァナキュラー建築を大々的に扱うイベントが開催されていた。一九三二年に、建築史家のヘンリーラッセル・ヒッチコックと建築家フィリップ・ジョンソンが企画し、建築の近代を象徴する「インターナショナル・スタイル（国際様式）」という概念を広めたことで著名な展覧会が行われたニューヨーク近代美術館。その同じ場所で三〇年後には、世界のヴァナキュラー建築の展覧会「建築家なしの建築」が開催され注目を集めたのである。エッセイストとしても知られる建築家バーナード・ルドフスキー（一九〇五—一九八八年）が立案・構成した同展のカタログは、

図11　日本のヴァナキュラーな町並み（伝建地区の一例）

日本でも一九七六年に和訳され『建築家なしの建築』（渡辺武信訳、鹿島出版会）として出版された。

一九六〇年代から一九七〇年代にかけて関連する国の制度も動いた。戦前、吉村家住宅（羽曳野市）他二件だけだった民家の重要文化財指定は、一九五〇年代後半の今西家住宅（橿原市今井町）を皮切りに積極的に推進されるようになった。今や全国三〇〇棟を超える民家が重要文化財に指定されている。一九七五年には、文化財保護法の改正により、建物単体ではなく歴史的な町並みを形成している一群のヴァナキュラー建築を保存すべく「伝統的建造物群保存地区」（いわゆる「伝建地区」）の制度も整った。

私の所属した研究室でも、一九七〇年代末には、量産されるプレハブ住宅の研究をする者は皆無だったが、ヴァナキュラー建築に現れる自然環境との共生の知恵を採集するグループは旺盛に活動していたし、他の研究室でもヴァナキュラーな集落に学ぼうと、世界各地でフィールドワークに勤しむ学生が多く見られた。

関心はヴァナキュラー建築を担ってきた大工を中心とする各地の技能者の組織にも向けられていた。もちろんそうした世界にも近代化の波がとっくに押し寄せ、主に高度経済成長期に新建材や工業化された建築部品が普及し、職人だった大工は次々と企業である工務店の経営者になっていた。しかし、研究者たちの目は、そうした近代化現象の中でまだまだ残っていそうなヴァナキュラーな特質の抽出に向けられていた。

まだ若かった私は、そうした研究者たちを、或いはその研究上の関心をかなり冷ややかに見ていた。建築の近代に対する後ろ向きの反動でしかなく、未来志向の面白さが感じ取れなかったからだ。私の関心を引き付けたのは、第一世代の民主化が目指した量産の欠陥を補い、多様性や個別性という豊かさを、生産性の高さと矛盾なく実現しようとする「システム」という枠組みだった。

†あなたには《普通》はデザインできない

一九七〇年代末から一九八〇年代初めにかけて「システム」という枠組みは、まだまだ魅力的なものだった。生物学者ルートヴィヒ・フォン・ベルタランフィ（一九〇一―一九七二年）等により戦後提唱された「一般システム理論」、複雑な社会現象を解読するための「システム・ダイナミックス」、問題解決の方法としての「システムズ・アプローチ」等は、目的を持ち、多数の部分の関係が複雑な全体を構成する建築そのものやそれを生み出す社会構造をテーマにする時に、有効に援用できる概念と方法だと理解されていた。

実際私が卒業論文のテーマを決める際に、研究室の説明会では「システムズ・ビルディングの設計プロセス」というテーマが例示されており、具体的な内容はイメージできなかったものの、大いに心ひかれた。先輩の大学院生に聞いてみると、物としての建築を一つのシステムとして捉え、部分と部分、部分と全体の関係を明確に理解或いは設定した上で、部分と部分同士の関係を設計し実現することを「システムズ・ビルディング」と呼んでいるとのことだった。個別の建築を設計するのではなく、システムを設計するという考え方は、芸術然としたケンチクに違和感を抱いていた私にはとても魅力的だった。

また、システムは、最良のものをトップダウンで世界に普及させる第一世代の民主化のプロトタイプとも違っていた。それは、出来上がるタテモノに、それぞれ固有の要求条件に合わせた個別性を提供しようとする点において違っていたのだ。住宅を例にとると、ダイマキシオン居住機械を世界中に輸送するフラーの夢ではなく、個々の住み手が自身の居住環境に対して抱く夢を実現すること、しかも二〇世紀的な量産技術の効率をいかしながらそれを行うことを、「システム」は含意していた。

そうしたシステムの中でも、当時の私が大きな影響を受けたのは、個々の住み手が工業製品としての住宅部品を自由に選び、組み合わせて、それぞれの住まいの内装と必要な設備を実現する方法である。特に、提案者であるオランダ人建築家ニコラス・ジョン・ハブラーケン（MIT名誉教授、一九二八年―）の「あなたには《普通》はデザインできない」という論文（邦訳：『都市住宅』一九七二年九月号）は、第一世代の民主化の押しつけがましさを明快に批判したものとして、胸のすく思いで読んだ。

その中でハブラーケンは、同時代の建築家をギリシャ神話に出てくるミダス王に例えていた。ディオニューソスに対する願い事によって、触るものすべてを黄金に変える能力を持つに至ったが、食物や飲み物までが黄金に変わるため飢えに苦しんだミダス王。この王と同じように、建築家が触れるものはすべて特別な物、ケンチクになるのだとハブラーケンは言う。だから人々の普通の暮らしの場である住まいを設計することなど、建築家にはできない、ケンチクはデザインできても《普通》はデザインできないのだというのが、ハブラーケンの主張するところだった。曰く、

「一九二〇年代、もしくはそれより少し以前に、建築家たちは、全体環境という点に気づ

きはじめた。人びとというのは住居に住み、また工場に通うものだという面を見て、建築家たちは、これらも自分達の関知の内にあることを決めたのである。しかしながら、彼らは、それらがあたかも建築上の問題であるかのようなアプローチをしてしまった。それ故、あらゆる普通のものまでが、彼らにとっては特別なものになってしまった」

良かれと思ってではあれ、結果的に人々に対して、デザインされた住宅を押し付けようとしたグロピウスやコルビュジェ等の近代建築家、画一的な住宅を押し付けてきた政府機関等のやり方を断罪し、住まいのデザインを住み手自身に委ねることの妥当性を説いたのである。

　ハブラーケンはこの文章に象徴的な図を二

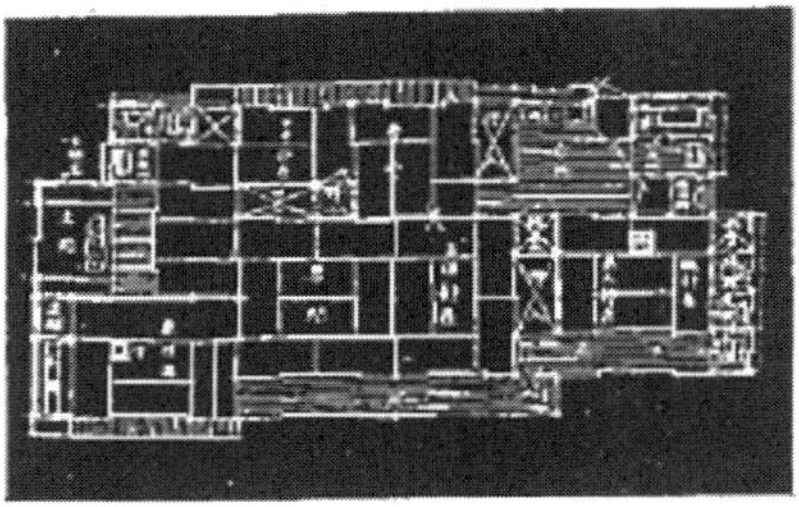

畳を規準ユニットとして用いながら，家族自身が平面計画をスケッチしたもの

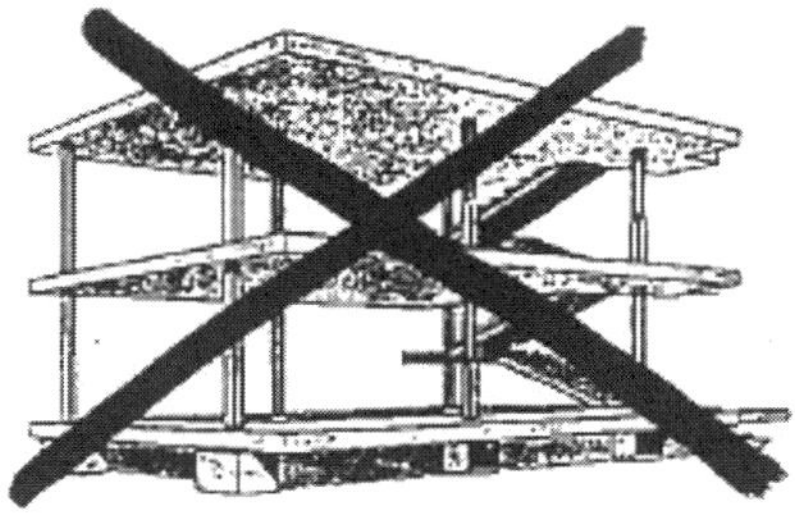

〈サポート〉とは，構造上の骨組のことではない

図12　ハブラーケンが示した二つの図（『都市住宅』1972年９月号より）

つ添えていた。一つは、コルビュジェが一九一四年に描いたとされる近代建築のプロトタイプの図「建築は採光された床」に大きな×印を付けた図であり、もう一つは、日本の住み手自身が部屋の畳数を頼りに描いた間取り図である。後者に〇印が付いていたわけではないが、その意図からすれば〇である。ここに、本章のテーマである「建築の脱近代」、「第二世代の民主化」の方向性が顕著に表れている。それはヴァナキュラーへの眼差しとも重なる、普通の人々の主体性への着眼である。

†人間のための工業化

ヴァナキュラーは二〇世紀的な工業化技術とは無縁だが、システムは工業化技術の適用を前提として語られていた。普通の人々の主体性に重きを置くハブラーケンもそうだった。

ハブラーケンの思想の基本的な部分は、一九六一年の最初の著作（N.J.Habraken, *Supports: an alternative to mass housing*, Architectural Press, 1972、オランダ語のオリジナル版は一九六一年）から読み取ることができる。ハブラーケンはその中で、人々の居住環境を考える上で最も重要なのは、人と彼・彼女の住まいの間の自然な関係であること、当時オランダを初めとする欧州各国で大量に供給されていた団地型の公共集合住宅（マスハウジング）がこれを台無しにしてきたことに、繰り返し言及している。

日本でも戦後、住宅不足を解決するために、一九五一年に公営住宅法が、一九五五年に日本住宅公団法が定められ、西山夘三（一九一一—一九九四年）の庶民生活実態調査に基づく「食寝分離論」を初めとする建築学の諸成果に基づいて設計されたプロトタイプが量産されていた。同じ設計内容に従って繰り返し建設することから、それは「標準設計」と呼ばれ、一九六〇年代後半からは、当時の欧州の鉄筋コンクリート製パネル構法を参考に、工場生産を用いた量産も実施されていた。この状況は、欧州各国のマスハウジングと同じであり、ハブラーケンの指摘は、雑誌『都市住宅』で彼の思想と方法論が紹介された一九七二年時点の日本にも当てはまるものだった。

ハブラーケンは、人と彼・彼女の住まいの間の自然な関係を取り戻すためには、住まいとは人々が生きるプロセスそのものであるということを再認識し、住まいづくりに住み手の参加を促す必要があることを説き、その方法として、近代化以前のあり様に戻るのではなく、現代的な工業化技術を有効に活用する方法があり得るとした。つまり、マスハウジングと工業化は独立した事柄であり、それまでのマスハウジングにおける工業化技術の使い方が間違っているとしたのである。

ハブラーケンの提案の核心は、集合住宅を二つの部分に分けることだった。後に「サポート」と「インフィル」或いは「サポート」と「ディタッチャブル・ユニット」と呼ばれるようになった二つである。サポートはそれぞれの家族の住まいを空間的に支える部分。具体的には、集合住宅の主たる構造と全住戸に共通の設備等がこれにあたる。対してインフィルは、サポートに支えられるそれぞれの住戸の内装、窓や外装、トイレ・浴室・キッチン・空調等の設備である。そして、マスハウジングはサポート部分を工業化しようとしていたが、それは有効ではなく、インフィルこそ工業化されるべきであり、それによって住み手の参加が現代的に成立するとしたのである。

一九七二年の『都市住宅』では、とても分かりやすいアナロジーが紹介されている。サポートは道路に、インフィルは自動車に例えられる。道路が政府や自治体によって決定される公共投資でできる公共財、自動車が個人個人によって好き好きに購入される私有財であるのと同じように、サポートは公共財であり、インフィルは私有財である。道路の寿命が自動車よりも長いように、サポートはインフィルより寿命が長く、インフィルは家族や人々の住まい方の変化に応じて変更される。道路は工業製品ではなく、自動車は工業製品であるように、サポートは工業製品ではなく、インフィルは工業製品である。そして、交通が道路だけでも自動車だけでも成立せず、財としての性格の違う二つが出会って初めて成立するように、住まいはサポートとインフィルが出会って初めて成立するというのである。

抽象的な表現にはなるが、それぞれの住み手は、包容力のあるサポートの好きな部分を住民合意に基づいて占有し、そこに自分の好みに応じて購入した工業化インフィル部品を、自分の暮らしに合わせて配置し組み立てる。これがハブラーケンの提案であった。彼が目指したのは、生産側の事情に支配された工業化ではなく、「人間のための工業化」である。

図13　大野勝彦が開発に参加したセキスイハイムM1（写真提供：積水化学工業）

この同じ時期、「人間のための工業化」という言葉を日本で意識的に使っていた人物がいる。ユニット構法によるセキスイハイムM1の発明者として知られる大野勝彦（一九四四―二〇一二年）である。大野はヴァナキュラー建築、特に日本の民家を成立させていた社会構造をシステムとして捉え、現代の工業化技術を用いることでそれを再構築しようと考えていた。目指すところを「現代民家」と称したところに、それはよく表れている。

当時の著作『現代民家と住環境体』（鹿島

出版会、一九七六年）の中で、大野は「民家は、村々の自然環境と、コミュニティと素材の生産力と人びとの労働力とのバランスの中で超時間・超空間的にバランスのとれた形で合理的にかつ創造的につくりあげられてきた」とした上で、「今日の住宅と住環境づくりの方法の出発点としては、プロトタイプとしての民家のもつ方法論を現代の高度に発達してきたシステム技術、工業化技術を利して「現代民家」のシステムを構成していくことからはじめるべきであろう」と、工業化技術を用いたシステムの方向性を論じている。そして、「ようやく工業化技術は横系列の重合とシステム化がはじまり、運用のしかたによってはあたかも生態的な、多様性と地域性とを十二分に発揮しながら工業化メリットを確保しうる、人間のための工業化技術の可能性が出はじめていることには注目してほしい」と、工業化に対する認識を改めることの必要性を訴えている。

†選択の自由

大野自身は、どのようにして「人間のための工業化」が実現できると考えたのか。一言でいえば、建築全体を、住み手にとって身近な単位に分解して工業化し、それを好き好きに選択して組み合せるというシステムで実現できると考えたのである。

「サブシステム」と名付けられたそれぞれの単位は、例えば壁、屋根、内装、設備というふうに分かれていて、それぞれに生産者の競争関係が存在する。工業化の程度も非常に進んだものもあれば、職人の手仕事によるものもあり得る。このサブシステムを、大野は生産者と生活者の「非武装地帯」と呼んだ。生産者の押し付けではなく、市場において自由に選択することで、生活者の力も十分に発揮させるという考え方に根差した言い回しである。そして、それを基本的な建築空間の枠組みである軸組み構造に取り付けて住まいが出来上がる。この軸組み構造をサポート、サブシステムをインフィルと考えれば、大野のシステム像はハブラーケンのそれとほぼ一致する。

ハブラーケンの思想が邦訳される前年の一九七一年、大野は自らのシステム像をセキスイハイムM1で具現化した。弱冠二六歳の時である（奇遇なことに、グロピウスがAEGに対して新しい住宅供給企業の設立企画書を提出したのも二六歳の時だった）。

M1では、先ず、日本の民家にならった軸組み構造を木造ではなく、工場生産に向いた鋼構造とし、それを、陸送できる最大限の大きさの箱状に工場で組み上げる。これに、住み手の選んだ壁、屋根、内装、設備といったサブシステムを、同じく工場内で取り付け、そのほぼ出来上がった箱を建設現場に輸送し、箱同士を接合することで住宅を完成させる。この箱のことを「ユニット」と呼ぶが、その数や並べ方は、住宅ごとに異なる。

実際に事業化されたM1は、このプロセスのすべてを一企業が担う形であったため、サブシステムにさほどのバリエーションは用意されなかったが、大野の構想では、そのサブシステムが、企業の枠を超えてよりオープンな形で市場に提供される状態を将来像としていた。つまり、オープンな市場がより大きな選択の自由を保証し、住み手がその選択権を持つことによって、工業化は「人間のための工業化」になるという考え方である。

もちろん大野のこうした構想は、一九六〇年代以降日本で展開されてきた工業化に関する議論を下敷きにしていた。一九六〇年代後半には、剣持昤（一九三八―一九七二年）が、相互に組み合せが可能なように設定された寸法や接合方法のルールに従って設計・生産された部品、「規格構成材」が市場に流通し、それを自由に選択し組み合せて、皆が好き好きに住宅等の建物を実現する「規格構成材建築」を、あるべき工業化像として提示していた（『規格構成材建築への出発：剣持昤遺稿集』、綜建築研究所、一九七四年）。また、両者の師匠にあたる内田祥哉は、そうした工業化像に一般的な用語「オープンシステム」を当て、選択の自由を拡大するための社会的な約束事を包括的に論じていた（『建築生産のオープンシステム』、彰国社、一九七七年）。しかし、両者において、選択の自由の対象は、住み手や生活者に明確に絞り込まれてはおらず、住み手や生活者以外に、選択者としての建築家をも想定している。そうすることによって、工業化時代の建築家像を見出そうとした面が見受けられる。建築教育を受け自ら建築家と名乗っていたハブラーケンにとっても、大野に

図14　剣持昤の規格構成材建築方式で建てられた秦邸（写真提供：新建築社）

とっても、システムの中での建築家の位置付けは同様に悩ましい問題だったが、この問題を白紙から問い直すという意味でも、選択の範囲をインフィル或は構造躯体以外のサブシステムに絞り、主役の座を明らかに住み手、生活者に与えた点で、二人のシステムは時代の波頭にあったと言える。

†システム化されない自由

人間のための工業化、そしてそのための選択の自由。この点において、工業化の先頭を突っ走っていたアメリカはどうだったのか。

実は、民主化の第一世代を代表するフラーのダイマキシオン居住機械やレヴィットタウンと同じ頃、チャールズとレイのイームズ夫妻が、ロサンゼルス郊外の丘の上に興味深い自邸を建てていた。イームズ邸の名で知られる住宅（一九四九年）である。

イームズ、特に建築家だったチャールズ・イームズ（一九〇七―一九七八年）にとって、量産による安価な住宅の実現が関心事の一つだったことは、彼が中西部ミシガンから西海岸のカリフォルニアに移住してすぐに手掛けた雑誌“*Arts & Architecture*”の特集などを見ればよくわかるし、その後「イームズ・チェア」に代表される量産家具を多く手掛けたことからも想像がつく。しかし、彼は量産の対象となるプロトタイプの開発を志向しなかった。自邸の建設においてイームズは、当時のアメリカに豊富に存在する工業製品の転用による安価さの実現を試みたのである。

彼らが主に用いたのは、一九四〇年代の工業先進国アメリカの市場に存在していた非住宅建物用の鋼構造部材、スチールサッシ、デッキプレート等の建材・部品だった。互いに現場溶接等でとめ付けられたパッチワーク的なディテールからは、部品相互の関係をきちんと整理しようとした日本的或は欧州的なシステムの匂いは感じられない。しかし、イームズ自身が語ったところによれば、同規模の在来構法による住宅よりもずっと安価にできたらしい。二〇世紀的な工業化を先導し続けてきた新興国の逞しさ、西海岸特有のおおらかさが表れていると言っても良い。

この自邸においては、これまで述べてきた選択の自由の枠、システムの構想が嵌めてきた枠は軽々と乗り越えられている。ハブラーケンや大野たちのシステムは、明確なルール、例えば寸法や相互のインターフェイスに関するルールを持ち、それに従って生産供給されるインフィル部品やサブシステムの存在を前提として成立するのだが、イームズ邸においてはそんなシステムもルールもない。ただ、自分の身の回りにある工業製品を、その開発や販売の意図に影響されることなく、自分の生活環境を形作るための資源として買ってきて、組み合せただけなのである。

イームズ邸が体現していたのは、他国とは比べものにならないほど多くの建材や部品が工業製品化していた当時のアメリカだからこその自由、システムからの自由だったと言えるが、その感覚はイームズがこの自邸を題材にして撮った短い映像作品"House: After Five Years of Living"(一九五五年)によく表れている。

暮らし始めて五年を経過した自邸の姿を次々と映し出すこの作品には、いわゆる建築写真はあまり出てこない。もちろん外観の一部、サッシや床や階段の写真も出てくるが、それらはテーブルウエアや家具、文房具、カメラ、おもちゃ、置物、花、庭等々、彼らの暮らしとともにある様々なお気に入りの物たちの写真の中に紛れ込まされている。つまり、建築の部分たちもそれらと区別なく、彼ら自身の生活環境を形づくるお気に入りの物たちなのである。テーブルウエアや家具や文具や花や木々の配列や組み合せにシステムもルー

図15　イームズ邸

ルもないように、サッシやデッキプレートや階段にもシステムやルールはない。そういう自由の感覚だと、私は理解している。

ハブラーケンや大野たちが求めたシステムは、どうしてもその全体を構想する者を必要とするのだが、イームズ邸にはそれがない。私がこの映像作品を初めて観たのは一九八〇年代後半だったと思うが、建築の世界に全く類例のない爽やかさを感じた。プロトタイプのお仕着せ、そしてそれを回避しようとしたはずのシステムが持っていた建築側からの押し付けがましさ。それらと無縁であることの爽やかさである。

もちろんイームズはこの時点では建築家でもあったわけだから、その専門能力がこの自由の獲得を可能にしたのだが、そこには、居住環境において生活者が手にすることのできる自由が、可能性として示されている。人間のための工業化よりも更に進んだ民主化の状態があることを、この一九四〇年代末のアメリカの住宅は知らしめていたのだと思う。

チャールズ・イームズが自邸のデザインについて語る中で用いた大事な言葉がある。〝unselfconsciousness〟、「無自覚さ」、意訳するならば「肩に力が入っていないこと」、「しゃちほこばらないこと」、「わざとらしくないこと」という感じだろうか。この感覚は、私が本書で「第三世代の民主化」と呼ぶ今日の感覚、二〇一〇年代に広がりつつある感覚に通ずるものである。

†『群居』と『フリーダム・トゥ・ビルド』

さて、日本で「人間のための工業化」を唱えた大野勝彦は私の研究室の先輩である。私が博士課程に進学した一九八二年、その大野からある雑誌を手伝うように言われた。『群居』である。

今とは時代が違う。日本語ワープロが使えるものになり、一六ドットの印字だったが、手軽に雑誌が出せるようになった。それを機に、「HPU（ハウジング計画ユニオン）」というグループを立ち上げたばかりの建築家、石山修武、大野勝彦、渡辺豊和と東洋大学の布野修司が、その機関誌として『群居』を出そうということになったらしい。

この四名は、建築界における立ち位置が全く違っていた。しかし、建築の近代に付きまとっていたエリート主義、第一世代の民主化を実装した官僚機構、偏狭さを増すばかりのケンチク世界、タテモノ世界が歩みを共にした大衆消費社会を脱するべく、今まで建築家と接触のなかった地域密着型の工務店や職人社会との新たな連帯をつくろうという方向性を共有していた。

そのことは、この四名が、野辺公一、高島直之、秋山哲一、そして私と一緒に世紀末まで刊行し続けた、五二冊の『群居』の随所から感じ取ることができるが、やはり一番色濃く表れているのは一九八三年に刊行した「創刊号」だろう。そして、布野編集長が創刊号の頭に持ってきたのが、第三世界のハウジングの実践的理論家として知られたイギリス人建築家ジョン・ターナー（一九二七年―）の論文「ハウジング・アクションのためのクライテリア」だった。

ロンドンの建築大学AAスクールを卒業して間もない一九五七年から、ペルーのスラム改善事業に携わっていたターナーは、ハブラーケンと同様に、政府による中央集権的なお仕着せ型のハウジング、即ち第一世代の民主化を代表する方法を鋭く批判していた。その背景にあるのは、ハブラーケンと同様に、住まいは人間が生きるプロセスそのものであるという基本認識だが、先進国で行われていたマスハウジングに関する経験と考察に基づいたハブラーケンとは異なり、ターナーは、経済力のない政府の下にある貧しい人々のハウジングについての経験と考察に基づいていたので、財源の確保、コストパフォーマンスの観点からも、マスハウジング的なアプローチの非効率性を指摘していた。

代表的な著作（編著）である“*Freedom to Build: Dweller Control of the Housing Process*”（建てる自由─住み手自身による住まいづくりのプロセス、New York :Macmillan, 1972）では、

図16 『群居』

図17 『フリーダム・トゥ・ビルド』

建築家等の専門家は「人々のために働く」官僚的態度を改め「人々とともに働く」べきだとした上で、中央主権的なお仕着せを「クローズド・システム」、今後目指すべき状態を「オープン・システム」と呼んだ。

ターナーもまた、選択の自由を重んじたのだが、その対象は建材や部品よりも広く、敷地、ファイナンス、建設契約、建設の道具と材料に及んだ。そして、選択する主体を、プライベイト（産業）、パブリック（政府・自治体）、ポピュラー（住み手）の三種類に分け、前二者の選択による組み合せが限定されたものになる（クローズドな状態）のに対して、住み手による選択はより柔軟で、最も有効な組み合せに至ることを、一般システム理論を援用して力説している。

ターナーのいう「システム」は、建物自体の話ではないので、誰かが全体を構想し各種のルールを用意するような「システム」とは異なる。それは、住まいづくりを成立させるための資源として社会に存在している仕組みや物を構成要素と見なしているため、本書でこれまで扱ってきたシステムと比べて選択の枠は融通無碍である。だからこそ「選択の自由」ではなく「建てる自由（フリーダム・トゥ・ビルド）」という書名が相応しく、第三世界のスラム改善の中で理解された「建てる自由」こそが、大衆消費社会のうねりの中に呑み込まれつつあった経済大国日本の住まいのあり様への批評になると布野編集長は考えたのだろう。「選択の自由」なら大衆消費社会にもあるのだから。「ヴァナキュラー」ではなく「システム」にひかれた私ではあったが、建材や部品の「選択の自由」だけでは決して得ることのできない何かが、この「建てる自由」には含まれていると感じ始めていた。

†セルフビルドの世界

「建てる自由」について、私自身には強烈な体験がある。『群居』発刊のすぐ後のことだったと思う。『群居』周辺の仲間と南房総の川べりにある建物を訪ねた。通称「機ッ械館」。三宅榮という老人が、鉄やら木やら拾ってきたものやらを使って一人で建て続けていた。巨大すぎて建て始めて一体何年になるのか想像もつかなかったし、川岸から望むと戦艦のようでもあった。

中に入ると、一階には、使えるのか使えないのかわからない工作機械が何十台も並んでいる。その異様な様子に足止めを食らっていると、奥から何やら物音が聞こえてくる。鉄を叩いているような音だ。近付いていくと、齢八〇を超えた三宅さんと思しき人が、黙々と作業を続けている。突然の侵入者に驚く様子もなく、一切動きを止めることもない。許可を得て（？）中を探訪すると、米軍の砲弾ケースを転用したというエレベーターが二基、

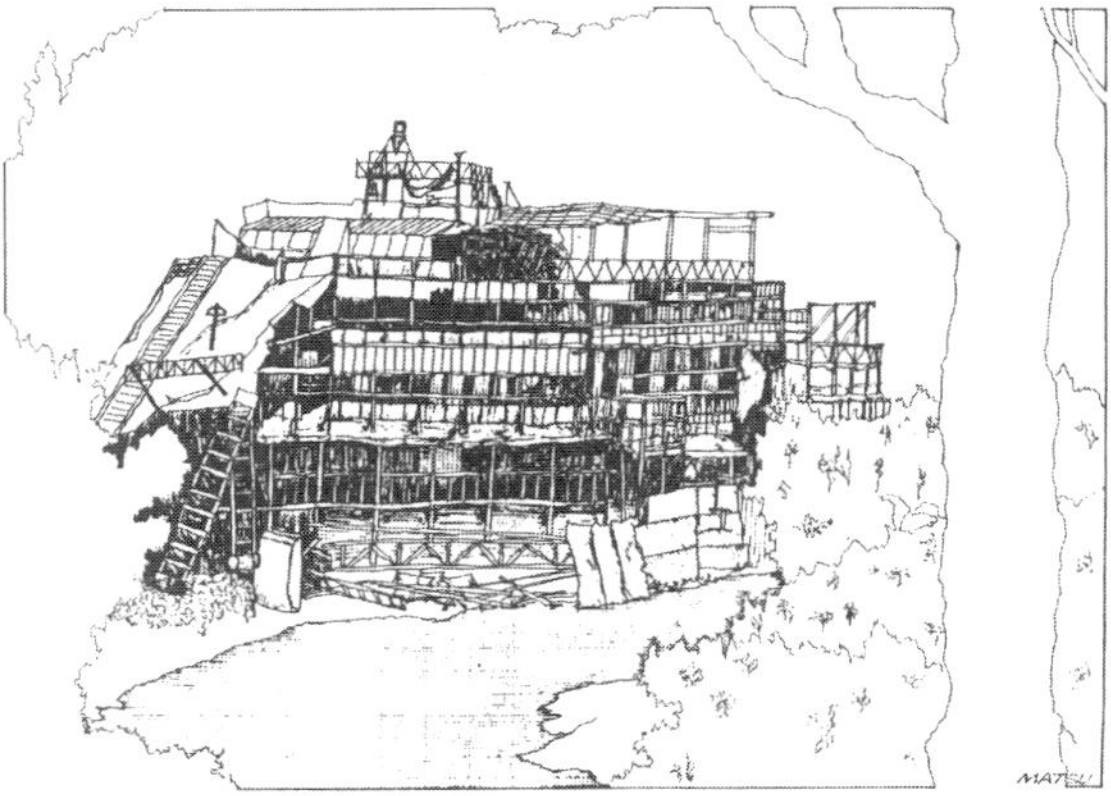

図18　機ッ械館

階段の近くには台所や寝室らしき空間もあり、「ここに住んでいるんだ！」と改めて驚く。

そこには、「建てる自由」の行き着く先の姿があった。ここを訪ねる人は、誰でもそう感じたに違いない。それは、建てることが生きることそのものになった人の姿である。ここまで来ると狂気と紙一重だが、建てることと生きることとの関係の根源性を思わずにはいられない体験だった。機ッ械館は、パトロンのためのケンチクとは異なる強い芸術性の香りを放っていた。

『群居』創刊号の特集は「商品としての住居」であり、そのタイトルが示す日本の住まいに関する状況を記録し、批評しようという意図の下に編まれていたが、続く第二号では一転「セルフ・ビルドの世界」という特集を組んだ。現代市場で普通に成立している「商品としての住居」という状況に対抗する、或いは風穴を開ける可能性として「建てる自由」を考えようという意図だった。

セルフビルドとは、住み手が自分で、或いは仲間と、或いは専門家のサポートを得ながら建てるということで、すべてが出来上がったマンションやパッケージされた住宅商品を買うことや、人からあてがわれたマスハウジングに住むことにはない価値、生きることと住まうことのより濃密な関係があると考えられていた。そこには、システムとして用意されたインフィル部品を好き好きに購入して組み立てるハブラーケン的な方法も含まれるし、何らかの方法で入手した材料で増築を続けるスラムの住まいづくりも含まれる。更には、機ッ械館のように、建てることが生きることそのものになってしまったものも。

そうした大きな幅のあるセルフビルドの中で、一九六〇～一九七〇年代のカウンター・カルチャーや、シューマッハの"*Small is Beautiful*"以降、近代科学技術に代わるものとして関心を集めていた適正技術・中間技術の影響を受けた人々による自力建設は、実践として或いは思想として最も一般化したものと言って良いだろう。

その種のセルフビルドには様々な思想や技術環境、歴史的な土壌が影響しているだろうが、大きな影響を与えたであろうものの一つに、アメリカ西海岸で発行された『ホール・アース・カタログ』とその周辺の動きがある。

スタンフォード大学で生物学を学んだスチュアート・ブランド（一九三八年―）が、一九六八年に発行し始めた『ホール・アース・カタログ』は、若い頃のスティーヴ・ジョブズが大きな影響を受けたことでも知られ、人々が自分自身の生活を見直し、組み立てるのに必要な様々な情報を縦横無尽にカタログ化した革新的なメディアだった。そして、その中でセルフビルドに関わる情報も取り上げられていた。また、ブランドは一九六六年に聴いたバックミンスター・フラーの講演に触発されたらしく、『ホール・アース・カタログ』はフラーに関する紹介記事から始まっていた。

本書で民主化の第一世代に位置付けたダイマキシオン居住機械のフラーは、一九六〇年代には「宇宙船地球号」という概念を提示し、戦後開発したドーム構法「フラー・ドーム」が世界中で適用されるようになってもいた。セルフビルドとの関係では、このドーム構法が、一九六五年、若いアーティストたちの自力建設による芸術家村「ドロップ・シティ」に用いられる等、一九六〇〜一九七〇年代には、シェルターのセルフビルドの方法として適用されるようになっていた。この時点でフラーは、民主化の第二世代のヒーローになっていたのだとも言える。

その後、ドーム構法によるセルフビルドは世界に広がりを見せたが、その原動力になったのは、『ホール・アース・カタログ』のシェルター部門の編集者だったロイド・カーン

（一九三五年―）が、一九七〇年から一九七一年にかけて編集・出版した"*Domebook 1*"と"*Domebook 2*"である。特に"*Domebook 2*"は一〇万部以上も売れたと言われ、カーンは新たに出版社を設立、一九七三年には『シェルター』（日本語版はワールドフォトプレス、二〇〇一年）という大型本を出版している。

この本も一〇万部以上売れたらしいが、その内容はとても興味深い。アフリカやアメリカの各種部族の住まい、欧州や日本の伝統的な木造建築、ツーバイフォー材やコンクリートを使った自力建設の方法、日干し煉瓦や土を使った建設の方法、ツリーハウスやボートハウスや車上居住、更にはエネルギー、水、食物、廃棄物の問題と解決法等々、およそ商業ベースで当たり前に成立している住宅や建設とは異なる住まいや住まいづくりの方法が、これでもかというくらいに紹介・解説されている。ヴァナキュラーの再評価と、溢れる工業材料の転用法を区別することなく混合させたその編集は、建築の近代が最早昔のことになっていること、そして建築の民主化が新たな段階に入ったことを、存分に知らしめるものだった。

†市場戦略としてのDIY

スチュアート・ブランドの『ホール・アース・カタログ』は、彼が子供の頃から親しんでいた通販カタログに着想を得たものだと言われている。直接的にはＬＬビーンのそれだったようだが、アメリカでは一九世紀からシアーズ・ローバック、モンゴメリー・ワード等のカタログ通販が成立しており、『ホール・アース・カタログ』は、広大な国土を持つ工業先進国アメリカ固有の社会文化環境がなければ生まれなかったとも考えられる。

そのカタログ通販産業だが、実は民主化の第一世代を体現したビジネスを、近代建築家によるプロパガンダなどよりずっと前から開始していた。「メール・オーダー・ハウス」と呼ばれるものである。カタログに幾種類もの名前の付いた住宅商品の外観、間取り、仕様、価格が載っており、顧客はその中から好みの商品を選び、注文フォームに記入し郵送する。すると、その住宅用に予め加工された部材一式が、組み立てマニュアル付きで、場合によっては職人付きで届けられるという塩梅だ（ここで、「住み手」ではなく「顧客」と言ったのは、ビルダーが注文することもあったからである）。

通販産業最大手だったシアーズ・ローバック社を例にとると、一九〇八年からこのビジネスを始め、一九四〇年までの間に一〇万棟以上を売り上げたという。しかし、新築需要が一巡した一九二〇年代に入ると、いわゆるメンテナンスや模様替えの需要に応える、或いはそれを刺激するカタログ販売ビジネスを開始、ペンキや内装用部材を扱い始めた。いわば、ＤＩＹリフォーム向け建材の通販ビジネスである。

DIYという用語を使えば、セルフビルドはDIYによる新築ということになるが、その意味では、住み手が自ら組み立てるタイプの通販住宅の存在は、セルフビルドの商品化が、建設の自由を求めた一九六〇年代以降のそれよりも前にとっくに始まっていたことを示しているし、戦前のアメリカでは既にDIY市場が新築向けからリフォーム向けに移行し始めていたということにもなる。

アメリカにおけるDIYビジネスの歴史をまとめたキャロリン・M・ゴールドシュタインの著作“*Do It Yourself :Home Improvement in 20th-Century America*”(Princeton Architectural Press and National Building Museum, 1998)によれば、DIYリフォーム向けの建材や工具の市場への多くの企業の参入は、一九五〇年代から本格化し、それとともにロウズやザ・ホーム・デポ等、今日の巨大なホーム・センターに繋がるDIY向け建材・工具店(ハードウエア・ショップ)があちらこちらにできた。ゴールドシュタインの著作には、象徴的な例として、一九五二年以降、町が完成し、新築需要が皆無になったレヴィットタウ

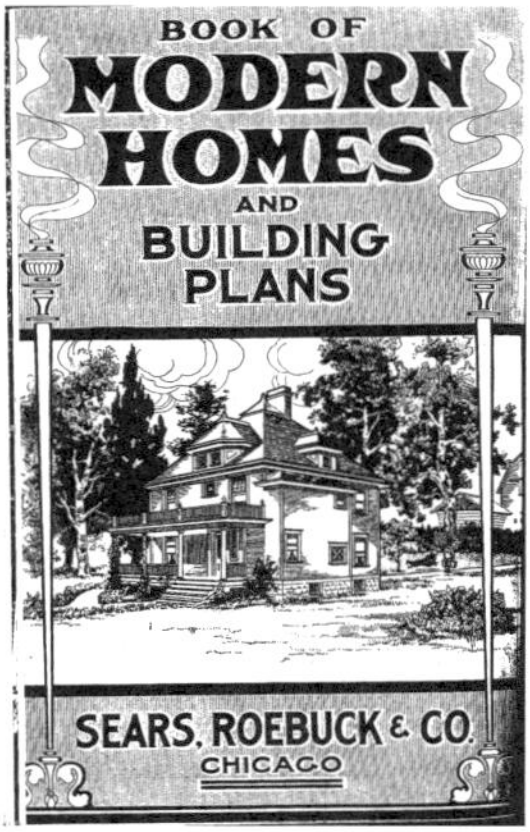

図19　シアーズ・ローバック社のメール・オーダー・ハウスのカタログ

ンにできたＤＩＹ向け建材・工具店の賑わう写真が紹介されている。

一九五四年八月二日号の『*TIME*』誌の特集も時代を象徴している。タイトルは"DO-IT-YOURSELF The new billion-dollar hobby（ＤＩＹ新たな数千億円趣味市場）"。表紙には、芝刈りも木の手入れも車の修理も壁の塗装も、身の回りのことは何もかも自分でやる男性の姿が描かれている。

その後は、建材や工具だけでなく、ＤＩＹ用のマニュアル類や学習機会も整備され、一九七〇年代にはそれまで男性の趣味と考えられていたＤＩＹによるリフォームを、女性にもやらせろという主張の本が登場するまでになった。ハードウエア・ショップがより大規模なホーム・センターに成長していくのも一九七〇年代以降である。

企業の市場戦略として捉えられたＤＩＹと、先述したセルフビルドは、一見すると商業主義vs.反商業主義のように思えるが、実のところ、一九六〇年代以降アメリカで展開するセルフビルドは、明確な市場戦略を持った産業が築き上げてきたＤＩＹ向けの建材や工具の流通網に依存していた部分が少なくなかった。大きく言えば、時代は同じ方向に動いていたのである。民主化の第二世代と呼び得る方向に。

†「空間」という砦の開放

『群居』創刊号では巻頭にターナーの論文が掲載されたが、一九八三年七月発行の第二号巻頭には、カリフォルニア大学バークレー校教授だった建築家クリストファー・アレグザンダー（一九三六年—）の論文「アーキテクト・ビルダーの原理」（中埜博訳）が掲載された。

まだ二〇代だった一九六〇年代前半に、脱近代の文脈の中で『形の合成に関するノート』（一九六四年）や『都市はツリーではない』（一九六五年）といった著作を発表していたアレグザンダー。今となっては建築界よりもコンピュータ・ソフトウエア等の世界で著名な人物だが、彼がそういう立場に祭り上げられているのは、一九七〇年代に提唱した「パタン・ランゲージ」によってである。これは、人々にとって居心地の良い居住環境を形づくる「パタン」を経験的に抽出し、望ましいと思われる「パタン」を組み合せることで住まいづくりやまちづくりを行う方法を示したもので、同名の著作には、二五三の「パタン」が、「街路を見下ろすバルコニー」、「座れる階段」といった具合に、例示されている（Christopher Alexander, Sara Ishikawa & Murray Silverstein, *A Pattern Language*

図20　邦訳された『パタン・ランゲージ』

: *Towns, Buildings, Construction*, Oxford University Press, 1977、邦訳『パタン・ランゲージ――環境設計の手引』、平田翰那訳、鹿島出版会、一九八四年)。

パタン・ランゲージの詳細な説明は割愛するが、『群居』二号に掲載された論文はその実践に携わる専門家のあり方を論じたものだった。その中で、アレグザンダーは、パタン・ランゲージを用いれば、住み手は自分にとって居心地の良い居住環境を自ら考えることができるとした上で、それならばもう建築家は必要ないのかという問いを立てている。一般社会からすれば「どっちだっていい」問題だが、建築界にとっては死活問題である。先述したセルフビルドやDIYも、建築界にとっては同じ問題をはらんでいるが、アレグザンダーは次のように記している。

「このプロセス(パタン・ランゲージを用いた住み手自身による住まいづくりのプロセスのこと)は一見、建築家の必要性がないことを示しているように見えるが、もし経験者による指導があれば、より良いものとなることは疑いない。しかし、こういう助けや指導のできる専門家は現在存在しない」

アレグザンダーは、近代建築のように設計と施工を業務上もプロセス上も明確に分離することをせず、建設しながら設計の質も高めていくプロセスを良しとしており、未だ存在しない「助けや指導のできる専門家」のことを、設計も施工もできる専門家という観点から「アーキテクト・ビルダー」と呼んだ。特に、この専門家の必要性は、複数の建物が集まって形づくる人々の居住環境の質を考えると否定しようがないと考えていたようで、同時代に流行り始めたセルフビルドについては次のように批判している。

「一方では特別に行き過ぎの建設方法もある。例えば、ヒッピー的木造建築や大きな泡のような、スタイロフォームの住宅やフラー・ドームや、こうした奇妙な建物は、秩序を全く犠牲にして、又、均一なパタンというものを無視して建てられており、彼らは建築家と設計者の役割を結合するかもしれないが、彼らは個々の建物にしか責任がなく、社会全体として、それがうまくいくように努力する気は全く持っていない」

アレグザンダーの関心が、人と居住環境形成という行為の関係よりも、結果として得られる居住環境の質にあることはよくわかる。もちろんパタン・ランゲージはそのためにこそ構想されたものなのだし。しかしながら、何故専門家が必要なのかは、このようにセルフビルド系の人々を批判してみたところで判然とするわけではない。ここに、建築界の人間が第二世代の民主化の段階に踏み込んだ際の基本的な問いが見て取れる。「それでも専門家は必要なのか?」という問いである。

殊に、建築家の世界が、深く考えている者も考えていない者も、まじないのように唱え続け、その奥義を守ってきた「空間」。それを、人々自身が主体性をもって考えられるようにしたのがパタン・ランゲージである。だから、建築界で育ったアレグザンダーがこの問いに答えを出そうとしたのは至極当然である。しかし、説得力のある答えが提示されたとは言えない。実際、インターネット等によって人々に開かれた新しい知のあり方、すなわち「集合知」の世界では、パタン・ランゲージは建築界でよりも影響力があるように見える。そして、そこでは、専門家、非専門家という人間の区別自体があまり意味を持たなくなっている。

アレグザンダーの新しい職能論とは関わりなく、パタン・ランゲージは「空間」という砦をどしどし人々に開放する宿命にあったのだと言えそうだ。

第3章 マスカスタマイゼーション——第二世代が辿り着いた日本の風景

†畳割の文化

一九八〇年に、「ヴァナキュラー」ではなく「システム」に心ひかれて大学院に進んだ私だが、ここで、当たり前に暮らしてきた日本の木造建物が、優れたシステムに基づいて造られてきたことを教えられた。木造建物などヴァナキュラーの最たるもの、システムの対極にあるものと思っていたが、現代においても範にすべきシステムがあるというのだ。それは「江戸間」、「京間」などに代表される畳割に表れているという。

一九七六年、関西から大学入学のために上京することになった私は、母親から「東京の方は「京間」じゃないから、同じ六畳と言っても四畳半位しかないのよ。気を付けなさい」などと言われていた。建築と関係のない普通の高校生でも、「京間」が何を意味するかはわかっていたのだ。しかも、「六畳」がどの程度の広さの部屋で、「四畳半」がどの程度かもわかっていた。そういう前提で母は忠告していた。まあ、当たり前のことではある。ところが、システムとしての建築を論じている専門家からすると、これが「凄い」ということになる。

まず、六畳とか四畳半とか八畳とか、畳の枚数を言っただけで、職人はおろか一般の人でもその空間をかなり具体的にイメージできる。しかも、それに「座敷」とか「茶の間」

とかいう呼称が付けば、更にイメージの具体性が増す。これが凄い、こんなことは海外では見られないと言うのだ。確かに「パタン・ランゲージ」が崩そうとした空間についての専門性の砦が、この和室の世界では畳割の存在によってかなり崩され、人々に開かれた状態になっている。

この状態は、畳の大きさが一定であること、そして内部の床に畳が敷き詰められていることによって成立している。敷き詰め畳を用いた最初期の座敷としては、室町時代に建てられた慈照寺（銀閣寺の名で知られる）東求堂同仁斎が現存するが、一五世紀にようやく特権階級の特別な空間に使われたこの敷き詰め畳が、数百年をかけて普通の人々にとっても当たり前のものになってきた歴史に思いを馳せると、「凄い」というのにも得心がいくし、日本独自のものだということも理解できる。

前章でハブラーケンの考えに触れたが、ハブラーケンは住み手参加の優れた例として、住み手自身が描いた日本の木造住宅の間取りを取り上げていた。そう、畳割によってかなり正確に空間をイメージできるからこそ、「六畳の茶の間の隣に、八畳と十畳の続き間座敷があって」という具合に、住み手自身が自由に間取りを描けるのである。そして、更に大凄いことに、方眼紙の上にフリーハンドで描いたような住み手自身による間取り図を、大工に見せれば、それ以外に大した図面を作成しなくても工事が始められる。その簡単なスケッチから、大工は必要な柱、梁等の構造部材、根太や間柱、垂木といった下地材の長さや本数を把握できるし、建具屋は必要な襖や障子の数が、畳屋は必要な畳の枚数が、瓦屋は必要な瓦の枚数がわかるという塩梅である。

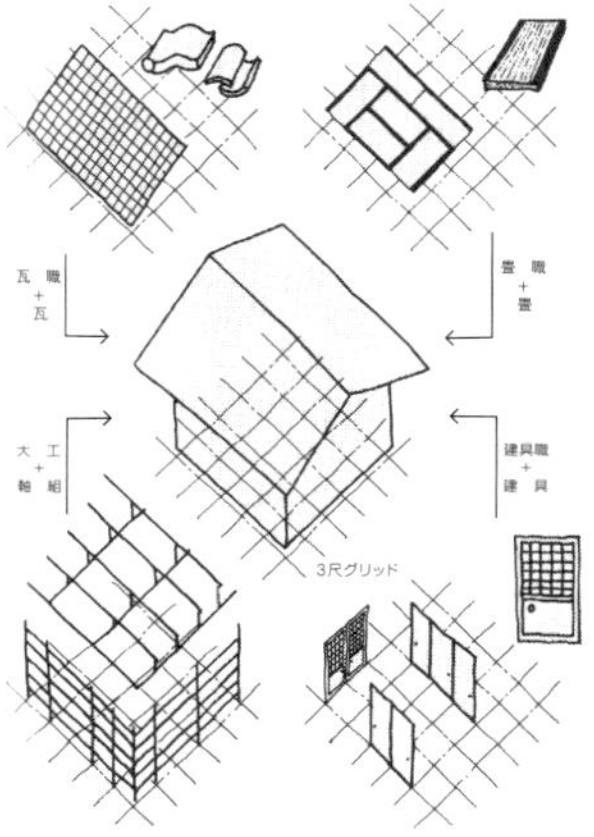

図21　木造のシステム

本書の筋で言えば、和室により構成される木造建物のこの状態は、第一世代の民主化どころか、第二世代が目指した状態と同等、あるいはそれを超えるものだと言える。

物のシステムとして捉えれば、ここで重要なのは明確な寸法上の約束事の存在と、それに基づく明快な分業体制ということになる。先述したように畳の大きさは地域の中では概ね一定で、長辺がおよそ一間、短辺はその半分である。だから、住み手がどんな広さの部屋をどんなふうに繋げようと、それは半間間隔のグリッドの上に納まる。そして、建具の幅は一般に半間であり、根太の間隔はその半分であるというように、それぞれの部材はグリッドに対応した寸法や割り付けに従っている。また、軸組みは大工、建具は建具屋、畳は畳屋、瓦は瓦屋という具合に担当職種が部位毎に明快に決まってもいる。

第1章で大工の歴史に触れたが、この木造建物のシステムも長い年月をかけて洗練され、全国の津々浦々に拡がったのだろう。だから当たり前だけど凄いのである。

本章では、日本のタテモノの世界、特にケンチク世界とは密に触れ合うことなく業界形成を進めてきた産業界における民主化の進展を扱うが、それらは共通して、畳割という日本固有の建築文化の恩恵を十分すぎるほど受けてきたことを初めに明記しておきたい。

†「箱の産業」の基盤

ここで日本の建築への投資額の推移（政府の推計）を見てみよう。

高度経済成長の始まる一九六〇年度は一・五兆円（内住宅が〇・七兆円）だったものが、五年後の一九六五年度には三・七兆円（内住宅が二・三兆円）と、倍増以上、住宅に至っては三倍になっている。次の五年はもっと凄い。一九七〇年度は九・七兆円（内住宅が五・二兆円）と、五年前の三倍近くになっている。流石に第一次オイルショックの翌年の一九七四年度には一息ついたが、右肩上がりは一九八〇年度まで続き、二九・二兆円（内住宅が一六兆円）に達した。その後五年程横這いが続いたが、一九八〇年代後半には再び単調増加し、一九九〇年度には遂に五二・二兆円（内住宅が二六・七兆円）と五〇兆円を超えた。三〇年で三〇倍以上になったのである。

その後はずるずると減少し続け、今世紀に入ると建築投資は三〇兆円を下回り、その内の住宅投資も二〇兆円を切ることになった。対GDP比で見ると、一九九〇年度までは一〇%台を続けていたが、それ以降今日までは一ケタにとどまっている。とは言え、一大投資分野であることに変わりはない。

この一大投資分野の中心は、一貫して新築であった。他の先進国では、新築よりも増改築や改修工事への投資の方が多いところも少なくないが、日本は新築に偏った建築投資を数十年間に亘って続けてきた。タテモノを新築するこの産業のことを、私は「箱の産業」と呼んでいる。将来の産業のあり方を考える上で、これまでの産業の使命をシンプルに名前にしてみたのである。人々の生活を受け入れる「箱」、しかもきちっとした「箱」をきちっと約束通りに届けること、それが使命であった。

建築への投資額の推移が示すように、この「箱の産業」は戦後、特に高度経済成長期以降に急速に育ち、第一世代の民主化の目標、すなわち近代的で健康的な生活をおくることのできる容器としての「箱」を、人々に遍く届けることに大いに寄与してきたと言えるが、その基盤にはどうしても必要な二つのものがあった。土地と資金である。第一世代の民主化には、土地と資金の供給の仕組みが欠かせなかったのである。

まずは土地。それは山林を切り開き、田畑をひっくり返し、あるいは海を埋め立てることで供給された。もちろん生活に必要なインフラの建設もそれに伴った。一九五七年生まれの私にとってはごく見慣れた現象である。

次に資金。今日の日本では、建物を建設する場合でも購入する場合でも、必要な資金を調達することは比較的容易である。様々な融資制度があるからだ。しかし、住宅を例にとると、持家政策の一翼を担う住宅金融公庫が設立されたのは一九五〇年であり、当初は今日ほど多くの人が利用できた訳でもないし、民間の金融機関による融資が始まるのはもっと遅れて一九六〇年頃のことである。

多くの人々が建設資金を調達できないのでは、土地がない場合と同様、「箱」の供給は進まない。そのため、例えば住宅を対象とする「箱の産業」の場合、住宅の建設と資金の融通とを組み合せた事業を展開するものが、戦前から見られた。

例えば、『でんけん』No.13（日本電建株式会社、一九五九年）によれば、昭和初期に、日本電話建物（日本電建の前身）は、日常生活用品の販売の分野で展開していた月賦販売方式を住宅の販売に取り入れていた。当初は、組別にくじで当たった人から住宅を建てていくいわゆる無尽式によるものだった。一九五〇年代には、太平住宅、殖産住宅相互、日本電建を初め、多数の月賦販売住宅会社が創設され、三分の一の掛け金を払い終えた時点で住宅を建て、残りの期間に会社に利息込みの掛け金を継続して払う方式が一般的に用いら

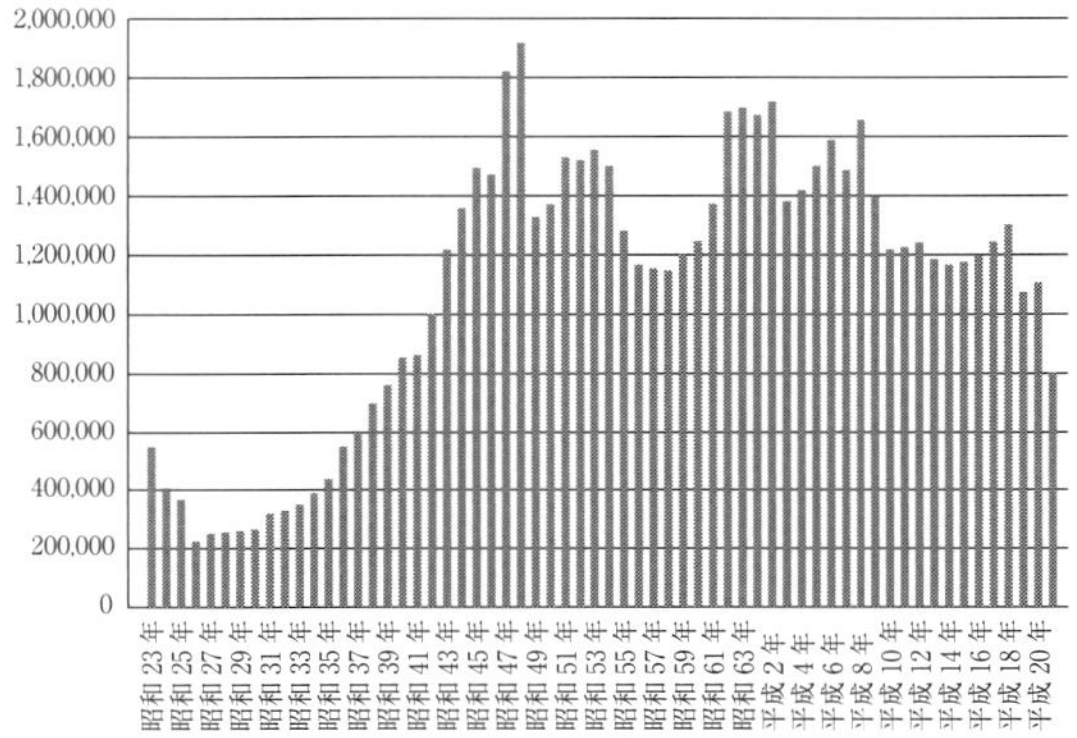

図22　新設住宅着工戸数の推移（国土交通省建築着工統計に基づく）

れた。

一方、政府は、「箱の産業」の近代化や都市の不燃化といった政策目標の実現と、建設資金の供給を結び付ける方法を採った。後述するように、在来構法では見られなかったような部品の工場生産を前提とするプレハブ住宅が複数出現した一九六二年、政府は住宅金融公庫の個人枠の中に特別融資枠を新設し、構造躯体を不燃材で構成した鉄鋼系プレハブ住宅に対して、「不燃組立住宅」として融資を行う制度を創設した。

ちなみに、この制度の運用にあたって公庫の中には「工場生産住宅審査委員会」が設けられ、一九六二年度に八社九形式約四〇〇戸が融資を受けて建設された。二年後には、対象を木質系プレハブ住宅とコンクリート系プレハブ住宅にも広げた「工場生産住宅承認制度」が制定され、その後この制度の承認を受け融資を受けるプレハブ住宅の数は年々増加していったのである。

†大工と工務店

先の数字で明らかなように、高度経済成長期以降、建築投資の過半は住宅投資が占めてきた。そしてその住宅投資に対応する「箱の産業」の中核にいたのは、一貫して工務店であった。

私が卒論生として研究室に出入りするようになった一九七〇年代末、卒論のテーマの一つに工務店を対象とする調査研究が挙げられていた。そのテーマには、工務店のつくる地域地域の木造住宅の「ヴァナキュラー」に対する関心と、他方で旧態依然とした施工体制等の合理化の可能性に対する関心とが混在しているように見えた。そのため、私自身はテーマに選ばなかったのだが、研究室のゼミ等を通して、工務店を対象とした調査研究の内容についてはある程度耳年増的になっていった。

当時は「大工・工務店」という言葉がよく使われていた。この言葉には、大工と工務店を明確には区別できない、或いは区別しないということが含意されていた。私も自然と「大工・工務店」という言葉を使っていたが、この二つは明らかに異なる。大工は個人に当てられる職種の名前であり、第1章で触れたように律令制の昔からの長い歴史とともにあった言葉である。これに対して、工務店は請負業である。しかも、近代の企業形態の一つである。「ウィキペディア」で検索してみても、ダイレクトにこの言葉が出てきはしないのだが、総合請負業（ゼネコン）の中でも比較的規模の小さな住宅工事を中心に手掛ける企業を「工務店」と呼ぶ場合が多い。

一九八〇年代に「大工・工務店」という言葉を使っていたのは、工務店の経営者の多くが大工出身だったからであり、中学卒業後大工の親方の下で修業を積んだ者が、独立して起業した類の工務店が殆どだったからである。そして、工務店の社長になっても大工として現場に出ている人が多かったから、「社長さん」と呼ぶと「俺は大工だよ」と応じる人もいれば、その逆の人もいた。そのため大工と工務店を明確には区別せず、「・」で繫げて一言にするのが好都合だったのだ。

しかし、今は違う。工務店は工務店だし、大工は大工だ。工務店の経営者の中には大工だった人もいるが、そうでない経営者がとても多くなっている。

ところで、高度経済成長期の大工の数は、第1章で見たように年々右肩上がりで、数十万というオーダーだった。彼らの多くが数年の修業の後独立して工務店を設立したのだから、工務店はものすごい勢いで増えた。正確な数はわからないが、一九八〇年代には全国一〇万社は下らないと言われていた。たとえ大規模な住宅メーカーに住宅を発注しても、或いは建築家に家を設計してもらっても、その下には必ず工事を担当する工務店がいる。だから、工務店こそが「箱の産業」の中核にいて、第一世代或いは第二世代の民主化を実質的に押し進めたと言っても過言ではない。

中でも多数派は、木造住宅を設計施工一式で請負う工務店である。ケンチクの世界では、建物の設計は「建築家」と自称し、請負業者から独立している設計者が行う、或いは大学等でケンチク教育を受けた組織内設計者が行うことを想定していたが、設計施工一式で請負う工務店によるタテモノではそうなっていないことが多い。大工である社長が、工事だけでなく設計も行うケースが一般的に見られたし、今でもそうだ。畳割に基づけば住み手でも間取りの設計はできるのだから、工務店の社長が住み手の要望を聞いて設計することは難しいことではない。しかも、畳割に基づくシステムがあるので、個々の住み手の注文に応じて個々に異なる住宅を設計施工することが当たり前のように成立している。これは、本書が第二世代の民主化として想定した状態である。

全国各地に五万と存在する工務店が、遍く多くの人に、健康で近代的な「箱」を届ける役割を担い、しかも住み手それぞれに異なる要求を、個別に満足させるように実行する。まさに第二世代の民主化である。私が学生だった頃も今も、ケンチクの世界は工務店の設計施工による住宅等、全く眼中にないように見えるが、タテモノの世界は、明らかに無視しようのない実績を上げていた。

しかし、一体何故、そしていつ、職人である大工が請負業としての工務店に変わっていったのだろうか。戦前は、施主が大工を含む各職に直接支払いをする「直営方式」が一般的だったようで、その方式においては大工はあくまで大工だった。

戦前の富山で直営方式の現場を経験したという大工（現在は工務店経営者）に当時の様子を聞いたことがある。建築工事はあくまで施主が経営し、「出入りの大工」たちは、施主の家紋の入った半纏をまとい、工事期間中はまさにその家の一員になった。朝昼晩そして風呂までその家で世話になり、一人前の大工には晩酌二合がついたらしい。休みの日には施主の奥さんが小遣いまでくれたという。もちろん各職人への支払い、材木の買い付けは施主がすべてやる。夕飯を終え帰宅する大工たちは「行ってきます」と挨拶し、朝現場に入る時には「ただいま」と挨拶した。経済的にも、時間的にも、人手の面でも相当に余裕のある階層の人でないと、こんな直営方式には耐えられない。

それが少なくとも高度経済成長期には直営方式は一般的ではなくなり、各職への支払い等を工務店に任せる請負契約方式が普通になっていた。

一九九九年に私の研究室で実施した全国工務店アンケート調査によれば、一九五〇年以前に創業していたとする工務店の三割以上が、一九四五〜一九六〇年の間に法人化しており、法人化が職人としての大工から請負業としての工務店への変化に伴う現象の一つだとすれば、戦後の復興期がそうした変化の急速に進んだ時期だと見なすことができそうである。

戦後木造住宅の世界において、工事全体を請負うという契約方式が普及したのには、融資制度が少なからぬ関わりを持っていると考えられる。というのも、一九五〇年に始まる住宅金融公庫の融資は、請負契約を前提にしてきたのである。言い換えれば、政府融資機関は、住宅建設工事一式をパッケージにし、責任の所在を一元化することを求めたのである。

実は、この直営方式から請負方式への変化は、大工が工務店になるという変化だけでなく、住み手の役割の大きな変化をも意味していた。もちろん戦前においては、借家住まいがずっと多く、自らの住宅を、しかも職人を雇って建設できる住み手は限られていた。より広い層の住み手が自ら住宅建設できるようになった戦後とは事情が違う。しかし、住み手が工事の経営権を手放し、近代的な企業に一括して任せるようになったこと、つまり住み手の役割が縮小したことと、住宅建設市場が圧倒的な勢いで拡大したことの間には、切っても切れない関係があったと考えられる。時間的にも財政的にも余裕のない多くの人が、住宅を建設しようと思えば、すべてを誰かに一任できる環境が必要だったろう。そして、一任できる工務店は雨後の筍のように増えていた。

†住宅メーカーというニュービジネス

このところの新築住宅市場、特に戸建て住宅のそれを見ると、工務店による木造住宅が相変わらず多数派なのだが、「住宅メーカー」と呼ばれる大企業によるものも二〜三割を占めている。住宅等の設計施工を担う元請工務店は、全国に一万社程度はあるだろうが、「住宅メーカー」と呼ばれる企業はせいぜい二〇〜三〇社程度であろう。だから、同じように住宅等を設計施工で請負う業態でありながら、せいぜい年間に数戸〜数十戸しか請負わない規模の企業と、年間に万のオーダーの戸数を手掛ける企業が、何十年にも亘って共存していることになる。

自動車等の製造業と比較すると不思議な共存状態に見えるが、住宅・建築産業はどちらかというと外食産業に似ている。全国に無数の店舗を展開する大企業もあれば、家族で経営している小さな店もある。大きい小さいで味の良し悪しは決まらないし、小さな店の方が、味にも価格にも幅がありはするものの、平均的には両者は同程度と見なせるのではないだろうか。工務店と住宅メーカーの共存もこの感じだ。

私が大学院生だった一九八〇年代には、工務店がこの業界の古参で、住宅メーカーが新参という捉え方が一般的だったが、先述したように工務店も、その多くが戦後、特に高度経済成長期以降に設立された企業である。一部の例外を除けば、一九六〇年前後にプレハブ住宅とともに出現した住宅メーカーと同時代の産物だと言っても良い。共に設計施工一式請負を業とする「箱の産業」である。

「住宅メーカー」という言葉の定義も、「工務店」と同様にさほど明確ではない。第1章で述べたように、一九六〇年代前半に、木造在来構法とは異なり、工場で製作したパネル等を組み立てる構法、すなわちプレハブ構法を用いた住宅を生産供給する企業が次々と現れ、それらが共通して工場を保有していたことから「(プレハブ)住宅メーカー」と呼ぶようになったようだが、今では在来構法やツーバイフォー構法による木造住宅を手掛ける「住宅メーカー」も何社も存在する。最早工場を保有しているから「メーカー」と呼んでいる訳ではなく、むしろ全国規模で住宅を生産供給している大企業にその名を当てているのだ。そもそも、住宅メーカーだって、住み手との間には、工務店と同様の工事請負契約を結んで建物の設計施工を行い、それを主たる業としているのだから、「メーカー」という呼び方はあまり適当とは言えない。

工場を保有するにせよ、保有しないにせよ、構法がプレハブ構法であるにせよ、在来構

図23　1960年代半ばのプレハブ住宅（上）と1970年代末のプレハブ住宅（下）（いずれも積水ハウスB型の例。写真提供：積水ハウス）

法であるにせよ、今日住宅メーカーと呼ばれる企業の本質はその生産供給の規模にある。大量の住宅の注文を受けることで何らかの集約効果を上げることに、ビジネスの根幹があり、それが一九六〇年代にはニュービジネスだったのである。集約効果は、ある時には工場での量産によって、ある時には資材の大量購入によって、またある時には標準化・マニュアル化による設計や顧客対応の質の底上げによって達成される。しかし、そのいずれもが製品の均一化によって最も効果が上がる類のものだ。第一世代の民主化的な、住み手へのお仕着せが最も好都合ということになる。

事実、一九六〇年代前半のプレハブ住宅は、皆数種類に限定された間取りや外観で売られ始めた。だが、それでは設備投資したパネル工場等を採算ベースに乗せることが極めて困難だった。日本の住み手は、畳割のシステムで間取りなどいかようにでもなる木造建築のあり様に慣れていたから、出来合いの建売住宅やマンションを買う場合は別として、注文住宅を建てる場合には、より大きな選択の自由を求めたのである。したがって、工場の生産量を増加させるためには、間取りや外観における住み手の選択肢をどんどん増やしていく必要があった。一九六〇年代後半から一九七〇年代前半にかけて、住宅メーカーによる「イージーオーダー」とか「自由設計」という謳い文句の使用が一般的になっていく。単位となる寸法こそそれぞれだったし、部屋の和洋もそれぞれだったが、そのどれもが畳割のシステムを土台にして、間取りのバリエーションを増やしていった。

住み手がある程度自由に間取りを決め、用意された選択肢の中からではあるものの屋根の形や外壁仕上げの色等を選べるという意味において、この時期の住宅メーカーの仕組みは、工務店と同様に、第二世代の民主化と呼び得る状態になっていたが、第一世代の目標だった、広く誰でも入手できる経済性という面においては成功していたとは言えない。第一世代の量産は、その規模を拡大する毎に価格が下がっていった一九一〇年代のT型フォードのような、製品の低廉化を含意していたが、日本のプレハブ住宅の価格が、工務店の手掛ける一般的な木造住宅のそれを下回ったことはほぼない。それは、この第二世代的な住み手の自由の確保に起因していた。

一九六〇年代後半から一九七〇年代前半にかけて、住宅メーカーによるプレハブ住宅は、第二世代の民主化よろしく、住み手の自由を確保することで市場を拡大していったが、第一世代の理想であった低廉化は実現できないでいた。その理由として大きなものは二つ。一つは言わずもがな、外観、間取り等の選択肢を増やすことは、部品種類と現場施工への依存度の増大に直結し、工場でも施工現場でも手間とコストが余計にかかることになる。そして今一つは、営業にかかる手間とコストの増大である。

中小の工務店には一般的に「営業マン」という職種はない。大体の場合、地縁や血縁、口コミに基づいて、経営者が仕事を取ってくるという塩梅だろう。これに対して、住宅メーカーの従業員で一番多いのは「営業マン」（もちろん「営業ウーマン」もいる）である。全国各地の営業所や住宅展示場にいる彼らが、住み手と面談し、その要望を聞き出し、間取りや内外観や価格を提示し、契約まで持っていく。設計や積算は、営業マンのバックに専門技術者が付いていてサポートするのだが、常時住み手との接点にいるのは彼ら「営業マン」である。

住み手がある程度自由に間取りを決められるようになり、内外装や設備の選択肢が増えるということは、取りも直さず営業マンの打合せ回数や提案とその修正の手間が増えることに繋がるし、様々なマニュアルや人材育成、チェックの仕組みを用意しないと、出来上がる住宅の品質のばらつきが大きくなってしまう。そして、それはその後のクレームやトラブルの元にもなり得る。手間とコストが大きくなるのは必定だ。

住み手の自由度や選択肢を限定できれば、工場生産や現場施工ばかりでなく、営業にかかる手間やコスト、そしてリスクも小さく抑えることができる。しかし、それでは契約してくれる住み手の数が減りかねない。どうすれば良いのか。住宅メーカーが根本的に抱えていたこのジレンマに対する解法が、一九七〇年代後半に明確な形で現れた。「商品化」という解法である。

一般的な言葉の使い方では、市場で売買の対象になることを「商品化」と呼ぶことが多く、例えば、改革開放後の中国では、従来の社宅に代わって現れた分譲マンションの類を「商品化」住宅と呼んでいた。しかし、本書でいう「商品化」はそういう意味ではない。本書では、住宅の内外観、間取りや設備に、市場に伝わりやすい特徴を持たせ、それによって他と差別化しようとする住宅メーカーの動きを「商品化」と呼んでいる。

この分野に先鞭をつけたミサワホームO型（一九七六年～）の例がわかりやすい。総二階建てのこの商品には、間取りが東西反転を含め四種類しかなかった。簡単に言えば、面積が大きいのか小さいのかである。屋根の形も一種類。内外装もせいぜい三グレード程度から選ぶだけだ。住み手との間で営業マンが何度も打合せする必要はない。価格も含めてほぼすべて決まっているのだから。建物はルームサイズの大型パネルを組み立てる構法だったが、そのパネルも数種類あれば足りる。工場での計画生産にも向いていた。現場での手間も省ける。そして、その分コストパフォーマンスは高くなる。ただ、ここまで限定度が高いと販売戸数は伸びないというのがそれまでの常識だった。そこで、この商品では、間取りを限定する代わりにそこに生活提案を盛り込み、様々なオリジナル部品を搭載することで、他にない付加価値を訴求する方法を採った。限定度の高い商品をそれまで「規格型」と呼んでいたところを、「企画型」と呼び直して商品化したのである。

それまでの業界の常識に反して、この限定度の高い商品の売れ行きが良かったことも影響しただろう。一九八〇年代に入る頃には、他の住宅メーカーもこうした以前よりも限定度を高める代わりに、識別性の高い外観、新たな生活提案、オリジナル部品等による演出を施した「商品化住宅」を次々と市場に投入したのである。

グロピウスたちの時代、第一世代の民主化の時代のプロトタイプとアプローチは同じである。ただ、スタイルは大きく異なり、教条主義的なモダニズムのスタイルではなく、より市場が反応しやすい外観を呈していた。一九八〇年代にケンチクの世界では、「商品化

図24　ミサワホームＯ型（写真提供：ミサワホーム）

住宅」という言葉を揶揄的に用いる傾向があったが、いわばそれは、ケンチク的な作為よりも市場の欲求の方が断然形象化されていく現実への苛立ちからだったのだと思う。ケンチクの世界とタテモノの世界のすれ違いの最たるものが、この「商品化住宅」という言葉に現れていたというのが私の見方である。

ただ、第二世代の民主化を経験しつつあった当時の市場はそう単純ではなかった。第一世代の民主化のようなプロトタイプ路線が、そのまま突き進むことはできなかったのである。

ロボット化した工場

一九八〇年代に入り、住宅メーカー各社による商品化住宅の種類は格段に増えていった。商品を開発するチームが形作られ、マーケティングに始まるプロセスが定型化していったからである。そうなると、元来の識別性や差別化は難しくなる。数が多すぎて、どれがどこの何という商品かわからなくなってしまうのである。さらに、競争が激化すると、結局は様々な敷地条件に対応し、あるいは住み手の個別的な要望に応じざるを得なくなり、もともと高く設定されたはずの限定度はなし崩しになっていった。初期商品化住宅の隘路である。結果として、第二世代の民主化的な状態には再接近できたものの、第一世代の民主化が目標とした状態からはますます遠ざかった。住宅メーカーの商品化住宅は、所得が比較的高い住み手の階層を対象とし続けることになった。

しかし、「所得が比較的高い」階層は「所得が高い」階層とは違う。市場規模は大きい。したがって、住宅メーカーの量産規模は十分に確保できた。量産しながらも、個々の住み手の要求には可能な限り個別に対応する体制をとる。このことは「マスカスタマイゼーション」と呼ばれる。では、何故なし崩し的に個別対応性を増しながらも、「所得が比較的高い」とは言え、市場のボリューム・ゾーンが相手にしてくれる価格帯に収まったのか。これには、情報処理に関わる技術革新が関係していたと考えられる。

商品開発競争の激化は、各社ごとの商品が対象とする市場の細分化、つまり所得階層、世帯規模、職業、年齢、地域、趣味等々の違いに応じて商品開発の対象を従来より細かく決め込んでいく傾向に繋がり、結果として各社の商品種類の増加に繋がった。そして、そのそれぞれの商品ごとに、住み手の個別的な要求や敷地条件に対応できるように、間取りの自由度や仕様の選択肢を十分に用意するわけだから、多くのメーカーで、生産する部品の種類は飛躍的に増加した。一九八〇年代前半までの生産方式では、手間・コストの面で、この部品種類の増加には耐えられなかっただろう。そこに現れたのが、情報処理速度を増したコンピュータ等に支えられた高度な情報処理技術と、それによって制御される工作機械や搬送設備だった。

わかりやすい例はロボットである。一九九〇年代に入ると、溶接ロボットを導入する住宅メーカーの工場が見られるようになったが、それらのロボットは、一品ずつ溶接箇所が違っていても、その指示情報さえ流してやれば、ずっと同じ溶接を繰り返す場合と大きく異ならないスピードで、かつミスなく淡々と溶接作業を続ける。だから、前段階での指示情報の整理さえしっかりできていれば、部品の種類が増えることは、生産性にさほど影響しない。

実際この時期には、それまでの、同じ種類の部品を計画生産して倉庫にストックしておき、それを必要とする住宅の注文が来たら棚から引き出してくるという方式に代わって、住宅の注文が来てからその住宅に必要な部品を生産する「邸別生産」という方式を標榜する工場が現れ、更には、施工現場での組立て順に沿って部品を生産する「建て方順生産」にまで先鋭化する工場も見られるようになった。

一九七〇年代までせいぜい数千種類の部品の製造管理をしていた工場を一九九〇年代初頭に調査したところ、製造管理している部品の種類が百万を超えていたという、私の経験した事実は、この時期の生産方式の変化を如実に示している。これがマスカスタマイゼーションの進展を支えたのである。

さて、ここまでは、プレハブ住宅の世界で起こった現象についてであったが、情報処理技術の影響は、同時期の工務店による木造住宅の世界にも及んだ。ほぞ、蟻、鎌等、木造軸組の接合部の加工を自動化したプレカット・ロボットの出現である。

蟻継ぎや鎌継ぎの形を回転歯によって一気に加工するプレカット機械自体は、一九七〇年代後半には発明されていたが、それは大工による墨付けに沿って人間が操作することを求めるものだった。墨付けには通常と変わらぬ人工数が必要だったし、墨付けと加工の分業に起因するミスも無視できないものだった。ところが、一九九〇年代に入ると、柱梁等の位置がわかる伏図情報を入力すれば、コンピュータが自動的に個々の部材の加工情報を生成し、その情報が機械を制御する「CADCAM型プレカット機械」或いは「全自動機」と呼ばれるものが開発され、普及し始めた。いわばプレカット・ロボットである。バ

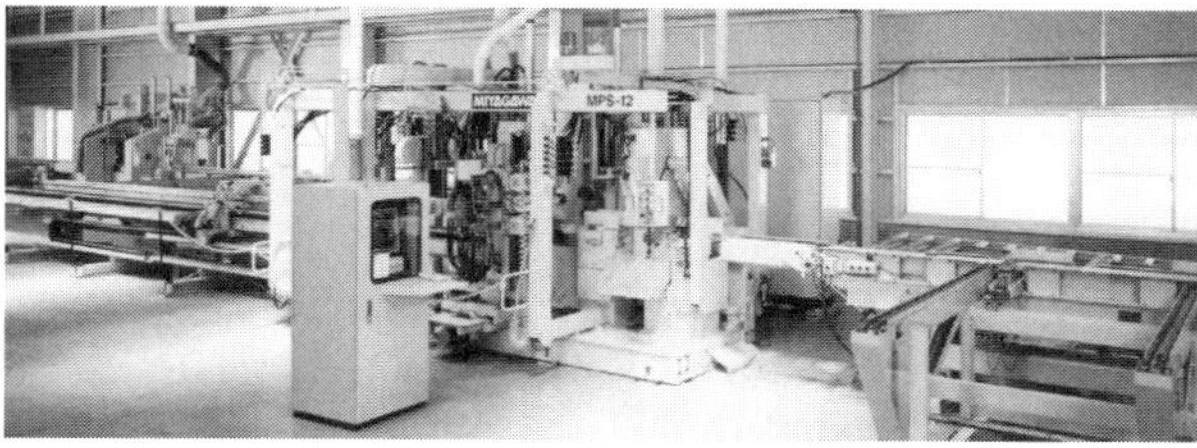

図25　1990年代のプレカット・ロボット（宮川工機カタログより）

ブル期の人手不足もあって、プレカット・ロボットを装備する材木業や地域の有力工務店の工場は急速に増え、最盛期にはその数は全国で九〇〇を超えるとまで言われた。

中小の工務店は、平面図、立面図程度の簡単な図面を地域のプレカット工場に送れば良い。木材の調達・選別から接合部の加工、現場への搬送までプレカット工場がやってくれる。中には、軸組の建て方までやってくれる工場もある。しかも、従来の大工による墨付け・刻みの作業にかかる工賃よりもかなり安価に加工してくれるものだから、「うちは手仕事にこだわっているから」と言っていた工務店ですら、プレカットに転向する者が相次いだ。いまだに工務店による木造住宅と言えば、大工が下小屋で手加工しているのだろうとお思いの読者の方もおられるだろうが、現代の木造住宅におけるプレカット・ロボットの採用率は少なくとも八割以上に達している。

このプレカット・ロボットの急速な普及・進展の裏には、

伝統の畳割のシステムがあることは指摘しておかねばならないが、ともかくも、一九九〇年代以降、工務店による木造住宅もプレハブ住宅に負けず劣らず工業化したのである。これもこの時代のマスカスタマイゼーションという現象の中に位置付けて良い事柄だろう。

†日本中の営業マン

部品の生産は、情報処理技術の恩恵を受ける形で、適度な生産性を保ちつつマスカスタマイゼーションを支えたのだが、初期の商品化住宅が狙っていた営業効率の良さという点はどうだろうか。

こちらの方は、商品の種類が増え、尚且つ住み手の要求や敷地条件に個別に対応する度合いが増せば、それに反比例するように効率を落とすのが必定である。実際、注文住宅に限って言えば、一九八〇年代と今日を比べると、営業マン一人当たりの年間契約戸数は相当に減少しているようだ。

住宅メーカーの中には、住み手ではなく地主を相手にし、規格化された同じ間取り・仕様の住戸を数戸から十数戸並べるだけのアパートの販売戸数の方が多い企業もあり、その場合には営業マン一人当たりの年間契約戸数はかなり多くなる。それを含めた数字ではあるが、一九八七年に拙著『工業化住宅・考』(学芸出版社)に示したところでは、営業マン一人当たりの年間契約戸数は一〇を超えるのが当たり前だった。ところが、今ではその半分に達するのがやっとというところではないだろうか。

一九九〇年代には、日本の進んだマスカスタマイゼーションに学ぼうと多くの欧米の実務家や研究者が訪日し、よく彼らを住宅メーカーの工場に案内したが、ある時、工場の様子に目を丸くしていたイギリスの住宅メーカーの経営者が「ところで、営業マン一人で年間に何戸程度の契約をとってくるんだい？」と核心をついてきた。私が「多くて一〇戸程度ですね」と答えると、「あー、そういうことか」とわが意を得たりという表情になったのを今でもよく覚えている。

住宅メーカーの従業員で圧倒的に多いのは営業マンである。一社あたり何千名という数の営業マンが全国にいる。彼らの人件費も大きいが、彼らの販売行為をサポートする住宅展示場のモデルハウス、豪華なカタログ類、マスコミを使った広報等にも相当なコストがかかっている。住み手はそれらをすべてただだと思って利用し、もらい、営業マンと何度打合せても費用がかからないと思っているかのように振舞うが、すべては間接的にではあれ、住宅価格の中に含まれる。マスプロダクションは物の生産コストや調達コストを下げ得るが、それを成立させるにはマスセールスが必要であり、それには相応のコストがかかり得るのである。マスカスタマイゼーションにおいては尚更である。日本の住宅メーカーの経験が教えてくれるのはこのことである。第一世代の民主化を目指した近代建築家たちの頭にこのこと、つまりマスセールスの必要性やその難しさに対する認識はなかっただろう。

いずれにせよ、マスカスタマイゼーションが進行する中で、日本中の営業マンは個別の住み手に対応する能力を自然と磨いてきたはずである。限定度の高い初期の商品化住宅を販売していた営業マンとは、相当に違ってきているはずである。販売戸数という面での効率は落ちているだろうが、住み手の相談相手としての、或いは住まいづくりのサポーターとしての総体としての能力は高まっていておかしくない。

正直に言えば、建築技術者としての教育を受けた私は、長年、住宅メーカーの営業マンの必要性やその能力を理解しようという姿勢を持てずにいた。「結局住宅メーカーの売上げは、営業マンの数で決まる」などという業界通の言葉に反感を覚えたりしてもいた。しかし、近年複数の住宅メーカーの優秀な営業マンの話を聞く機会がたまたま増えてきたこともあってか、認識はかなり変わってきた。営業マンから聞けるのは、日本に一体どれほど多様な住み手がいて、どれほど多様な住まいづくりの動機があり、それにまつわる悩みや喜びがあるかという、具体的でリアルな話の数々である。彼らは明らかに住み手のそばにいる。技術や商品を開発している人たちからは、なかなかそういう生々しい話を聞くこ

（平均年齢：24 ～ 32 歳、平均経験年数 2 ～ 7 年）

企　業	総販売戸数	営業マン数	営業マン１人当たり販売戸数
A　社	48,403	3,008	□□□□□□□□ □□□□□□□□
B　社	33,273	2,400	□□□□□□□ □□□□□□□
C　社	28,786	2,346	□□□□□□ □□□□□□
D　社	25,430	1,900	□□□□□□□ □□□□□□▯
E　社	13,630	910	□□□□□□□□ □□□□□□□
F　社	3,033	520	□□□ □□□

（総販売戸数にはアパート戸数を含む。□は１戸を表す）

図26　1980年代後半の営業マンの平均像（拙著『工業化住宅・考』より）

とはできない。

営業効率の問題、それに起因するコストや価格の高止まりの問題については、分析・再考の対象にすべきだが、これからの時代を考えた時に、マスカスタマイゼーションの時代に鍛えられた日本中の営業マンの能力は大きな資源になるのではないだろうか。私はそう考え始めている。

†「箱の産業」から「場の産業」へ

本章では、日本のタテモノの世界、中でも私たちにとって最も身近な住まいの風景を形作ってきた工務店と住宅メーカーの成立ちから二〇世紀末にかけての変化を見てきた。大きく括れば、それは、畳割の明快なシステム性と広範に存する職人社会の厚みの上に、工業化技術と情報化技術を展開しながら、人海戦術によって住み手との接点でのサポートにきめ細かさを持たせることで、第二世代の民主化のテーマに産業として接近してきた歴史と言うことができる。そして、その歴史の上に立っているのが、きちんとしたタテモノをきちんと約束通りに届けることをミッションとする「箱の産業」である。

第二世代の民主化を象徴する理念と方法論の提唱者として前章で取り上げたハブラーケンは、一九八〇年代以降何度か日本を訪れている。そして、その後の著作の中で、高度な工業化技術を用いながら住み手の個別的な要求に応える日本の「箱の産業」が具体化したマスカスタマイゼーションを高く評価している。日本のケンチクの世界では、「箱の産業」をこのように捉える視点が欠落しているように思えるが、それは日本のタテモノの世界が辿り着いた独自の風景として十分自覚的に認識しておく必要があると思う。

ところで、「箱の産業」が現代の私たちに見せてくれる特異な風景がもう一つある。有り余るほどのタテモノとケンチクで埋め尽くされた私たちのまちの風景である。何十年にもわたって、国が直接投資をし、或いは低利融資を実施し、国民がこぞって多額の借金を背負ってまで投資をし、「箱の産業」が総出で十分な休暇も取らず額に汗し建て続けた結果としてのまちの風景である。

この風景の歴史的な特異さを数字で見てみよう。住宅を例にとる。高度経済成長の賭場口にあった一九六三年、政府の住宅統計調査（現在の住宅・土地統計調査）によると、日本には二〇〇〇万戸を少し超えた数の住宅があった。それは世帯数を少々下回る数だった。ところが、五〇年後の二〇一三年、同じ調査によれば、日本には六〇〇〇万戸を超える数の住宅がある。五〇年前の三倍だ。そして、それは世帯数を八〇〇〇万以上も上回る。国民一人当たり〇・四八戸も住宅を持っていることになる。戦後の日本にとって豊かさを体現した国に見えていたアメリカの〇・四三戸（二〇一〇年）を遥かに上回る数字だ。

私たちは、半世紀にもわたって継続してきた「箱」への国民的な投資と「箱の産業」総出の頑張りによって、五〇年前とは全く違うまちの風景を見ている。

それにしても国民一人当たり〇・四八戸もの「箱」が要るだろうか。それは実のところ使い方次第なのだが、現実には八〇〇万戸以上の住宅が空き家になっている（二〇一三年の住宅・土地統計調査による）。これからは人口も世帯数も増えない。とすると、使い方が根本的に変わらない限り、最早これ以上の「箱」は要らない。劣化してきた古い「箱」を建替える必要はあるだろうが、「箱の産業」がこれまでのように新築数で頑張り続ける必要はない。

現在ある「箱」の姿形が気に入らないとか、その過密な配置が気に入らないとか、色々と意見はあるだろうが、少なくとも数の上では、十分すぎるほどの「箱」を持っているのだ、今の私たちは。世界の多くの地域が今もなお抱えている数量的な住宅不足の問題など、現代日本には縁がない。むしろ巷では空き家が問題だと言っているほどである。第一世代の民主化は最早テーマになり得ない。もちろん、地価にも強く影響される空間の入手性の問題、それに左右される経済的弱者の住まいの確保の問題はある。ただ、空き家の数の膨大さと見比べると、この問題は、既に存在する「箱」の使い方の問題であると言えそうだ。「箱」の使い方の問題が経済的弱者の住まいの確保の問題としてだけではなく、私たちのタックルすべき総合的な問題になってくる。「箱」の量的な豊かさを私たちの暮らしの豊かさに十分に結び付けられるか。それがこれからの問題だ。もっとわかりやすく言おう。半世紀にわたる国民的投資と「箱の産業」の成果である有り余るほどの「箱」を、私たちの豊かな生活の「場」に仕立て直し、仕立て上げること、それこそがこれからの私たちが創意を働かせ楽しみながら取組むべきテーマなのである。そして、このテーマに取組む人々の営為の総体を「産業」と呼ぶべきかどうかは迷うところだが、「箱の産業」の次に来るものという意味を込めて「場の産業」と、私は名付けている。

ここで余談めいてしまうが、往年の作詞作曲の名コンビ、ハル・デヴィッドとバート・バカラックの代表曲〝A House Is Not A Home〟(一九六四年)の話をさせて頂きたい。私が初めて耳にしたのは中学生の時だったと思う。英語を習いたての私でもわかるシンプルな詞の内容はとても印象深いものだった。冒頭を訳出してみるとこうだ。

図27 「箱」で埋め尽くされたまち

「椅子はいつだって椅子だ。誰も座っていない時ですら。だけど椅子はハウスじゃない。そしてハウスはホームじゃない。君を強く抱きしめておやすみのキスをしてくれる人がいなければ」

「箱の産業」から「場の産業」への移行、或いは建築の民主化の主題の変化に思いを致す時、この歌が脳裏をよぎる。ハウスは箱でありホームは場である。ハウス＝箱をホーム＝場にするコンテンツは、この歌においては愛なのだが、さて私たちは「箱」を「場」に仕立て上げる行為の中で、「愛」或いはそれが代表する人の「生」に接近し得るのだろうか。ケンチクやタテモノのことばかりにかまけてきた私にとっては、新鮮すぎるテーマではある。

第4章
生き方と交差する時、建築は民主化する

†写真集の問い――建築は人の生き方と交差したか？

「箱の産業」が役割を終えつつあると感じ始めた前世紀末から今世紀初めにかけて、二つの写真集に出くわした。一つは、写真家ピーター・メンツェルが率いるマテリアルワールド・プロジェクトの『地球家族――世界三〇か国のふつうの暮らし』（TOTO出版、一九九四年）であり、今一つは、編集者・写真家である都築響一の『賃貸宇宙』（筑摩書房、二〇〇一年）だ。

『地球家族』は、世界のふつうの人々の家から家財道具一式を外に出してもらい、それを家の前に並べ、そこに住む家族も出てきて一緒に一枚の写真に収めるという奇想天外なプロジェクトの成果で、サラエボ、クウェート、マリ、アルバニア、インド、イギリス、ブータン、グアテマラ、日本等々、三〇もの国の中流と思われる人々の暮らしがものの見事に写し出されている。

私が驚いたのは、建物の写真なんかよりも、家財道具一式と家族が並んだ写真の方が、ずっと豊かに生活空間をイメージさせるという事実だった。逆に言うと、建築教育を受けてから「箱」が生活空間であるかのように勝手に思い込んでいたが、それはとんでもない誤解で、生活空間は人と家財道具によって殆ど表せるのだと気付かされたのである。かつ

図28　『地球家族』（左）と『賃貸宇宙（右）』

てヴァナキュラー建築の再評価に繋がった伊藤ていじと二川幸夫による『日本の民家』やバーナード・ルドフスキーの『建築家なしの建築』なんかよりも、この時期の私には遥かにインパクトのある写真集だと思えた。道と家財道具さえあれば生活空間がほぼ表現できるのだとしたら、私が学び考えてきた建築は、その道と家財道具の間の所有権に沿った境界を形象化する行為にすぎないのだと考えるようにもなった。

　もう一つの『賃貸宇宙』は、その数年前の都築さんの写真集『TOKYO STYLE』をさらに全国展開させたもので、各地の賃貸アパートの部屋の内部の写真を数百戸分も撮り集めた驚くべき写真集だった。

　ここまで触れる機会がなかったが、木賃に代表されるアパートは、第一世代の民主化の線上にある、近代日本の典型的な住まいの形態である。工務店も住宅メーカーも戦後たくさんのアパートを建ててきたが、持ち家と比べればとても狭く、設備や仕上げも低級なものというのがお決まりで、住み手の個別の要求に応える仕組みなど皆無の世界だった。そのアパートの世界で、かくも多様で個性的な生活空間が形成されていることに、衝撃を受けた。ここに載せられた写真が示すのは六畳一間にまさに「宇宙」があるという事実であり、そのようなアパートが建築界で話題になること自体ほぼ皆無だったことと考え合わせると、私たちが住み手の想像力や人と家財道具の関係の強さ、そしてそのことが表す「生」というものにあまりに無頓着だったことを顧みずにはいられなくなった。

私が「箱」ではなく「場」だと思い始めたのは、もちろん「箱」の量的な充足度合いにも関係があるが、実際はこの二つの写真集が次のように私に問いかけているように感じたことがきっかけだと思う。

「建築は人の生き方と交差したか？」

人が生きる空間を扱っているように装いながら、私が慣れ親しんできた建築は、人の生き方との間に特段の関係を持とうとしてこなかったのではないかと私には思えた。セルフビルドのように建てることが生き方そのものになるような場合もあるが、それは例外的である。建築家の生き方を語るものはしばしば見かけるが、住み手や施主の生き方に触れながら自分の設計した建築を語る建築家はとても少ない。私の知る限り、「開拓者の家」や「ドラキュラの家」等で、施主の生き方を物語化してみせた石山修武さんくらいかもしれない。

もう「箱」はあるのだとしたら、その中のコンテンツ、つまりは人の生き方、それが展開される「場」こそが、考え行動する対象になるのは当然のことだと私には思えた。

†人の生き方に触れるべき時代

二つの写真集を眺めていて改めて驚いたのは、そこに写し出された人の生き方の多様さである。

小学校の頃だっただろうか、長い夏休みに入る前に、学校が休みでも規則正しい生活がおくれるようにと、先生に毎日の過ごし方の時間割を作らされたのを覚えている。「七時起床、七時〜七時半：顔を洗い体操、七時半〜八時半：朝ごはん、八時半〜一〇時：勉強、一〇時〜一二時：遊び……」という具合である。世代によるのかもしれないが、読者の皆さんにも似たような経験があるのではないかと想像する。そして、この時間割を守れるのはせいぜい初日だけで、あとはほぼ時間割とは関係のない毎日をすごす。これも皆さん思い当たる節があるのではないだろうか。

ところが、第一世代の民主化の時代、住宅の標準化を押し進めていた時期のソ連では、標準的な大人の一日の時間割が分単位で用意され、建築の専門家たちがそれに沿った間取りを作り、それを標準化していたという。ソ連に限らない。一九五〇～一九七〇年代のマスハウジングの時代には、どの国でも多かれ少なかれ同じような標準化を進めていた。子供の夏休みよりは、働く大人の時間割の方がもっともらしく作りやすいだろうから、皆大真面目に標準化に取り組んでいたのだろう。

一九八〇年代の日本の商品化住宅に必須になっていったマーケティングだって、同じようなものである。年齢や収入や地域、学歴等々の主だった属性データに基づいて人々を分類し、それにあった間取りや住まい方を提案できると考え、実践したのだから。

標準化にせよ商品化にせよ、人の生き方は、適切に分類さえできれば、建物に関係のある部分は大方一様に捉えられると考えていたのである。確かに経済が成長期にあるような近代社会で、公務員やサラリーマンを前提にすれば、人の生き方には案外大きなところでのバリエーションがなかったのかもしれない。しかし、今日、少なくとも日本においてこの事情は大きく変わってきている。

先ず経済が成長していない。かつてのように高校や大学を卒業した後に就職した企業が成長し、何の不安も疑問もなく定年までそこで働ける時代ではない。企業とともに経済的に豊かになる筋書きも絵空事だし、ある程度の計画性を保証する年功序列制度も能力主義とやらに押し込まれている。日本経済や企業の物語に依存することで、自らの生き方をあまり考えず、決断もせずに定年まで生きられるような環境ではなくなってきている。自らの生き方を自ら考え決めることが求められる、ポジティヴに言い換えれば、自らの生き方を自ら考え決められる時代に移行しているのだ。

ここに更に超高齢化がくる。人生九〇年あるいは一〇〇年という人もいる。働き始めて四〇年ほどで還暦を迎えるのだが、そこから更に三〇～四〇年の人生がある。しかも、この後半生の生き方については、モデルがなかなか見つからない。これまた自分で生き方を考え決めなければならない、或いは自分で考え決められる。

他方ではこういうこともある。近代社会は機能主義による効率を重んじたため、就業、学習、娯楽、睡眠、休息、食事等々、生きることを機能的に分解し、そのそれぞれに異なる空間をあてがうような都市空間形成を進めることになった。オフィス街、工場地帯、住宅地等の言葉がそれを象徴している。ところが、ネット環境の進展が在宅勤務の可能性を切り拓き、離職して自らスモールビジネスを立ち上げようとする人たちが自分の住むまちで仕事も始め、田舎に移住し農業や林業に新しく取組む若者が増えると、この機能主義的な生活空間の分解というやり方を貫くことは難しくなる。

†二一世紀日本の豊かな空間資源

機能主義に従えば、住宅は寝食と家族関係、学校は学習、オフィスはデスクワーク、工場は生産、病院は健康回復というふうに、建築も切り取られた生活の一部だけを集中的に考えれば良く、そこでは対応すべき問題も限られた範囲内にとどまる。それらをまとめた筋としての人の生き方などに思いを致す機会は必要もなかった。が、それらの切り分けや切り取りがたやすいものでないという時代には、建築を扱うにも人の生き方に触れざるを得なくなる。またまたポジティヴな言い方をすれば、建築を扱うと人の生き方に触れられるようになる。

自ら考え決められる人の生き方、人生一〇〇年の人の生き方、空間的に切り分けられなくなった人の生き方は、自ずから多様になる。個別的になると言って良いかもしれない。標準化はもとより、マーケティングの対象にすることも通用しにくいだろう。ハブラーケンがかつて「あなたには《普通》はデザインできない」と言ったように、生き方はその人にしか決められない。とすれば、人の生き方をコンテンツとする「場」を創ろうとする時に、「場」を利用する或いは「場」を生きるその人自身が主体にならない訳にはいかない。このことが、新しい民主化の状態、即ち第三世代の民主化に繋がるのである。

「箱」は量的に十分ある。それを使って人の生き方をコンテンツとする「場」を創ろうなどと言うが、「箱」の質はどうなのか？　老朽化の進んだものや、昔の耐震基準しか満たしていなくて心もとないものや、かつて「ウサギ小屋」等と揶揄されたような狭すぎるものが多くを占めているのではないのか？　そういう疑問の声が聞かれることもある。本当のところどうなのだろうか。

結論から言えば、二一世紀の今日本に存在する「箱」は質的にも十分なものが大半を占めており、私たちはこれらを豊かに使える「空間資源」と捉えて、自分たちの新たな生き方を展開する「場」となしていくべきだと言える。

先ず、「老朽化の進んだものや、昔の耐震基準しか満たしていなくて心もとないものが多くを占めているのではないのか」という疑問について。ご安心下さい。そんな

建築の時期	実数（1000戸）	割合（%）
住宅総数1）	52,102	100.0
昭和25年以前	1,640	3.1
昭和26年～35年	925	1.8
昭和36年～45年	3,294	6.3
昭和46年～55年	8,332	16.0
昭和56年～平成2年	9,663	18.5
平成3年～12年	11,054	21.2
平成13年～22年	10,950	21.0
平成23年～25年9月	2,132	4.1
＜再掲＞		
昭和55年以前	14,191	27.2
昭和56年以降	33,799	64.9

1）　建築の時期「不詳」を含む。

図29　建築の時期別住宅数（住宅・土地統計調査、2013年）

ことはありません。

　ここでも統計資料の豊富な住宅を例にとる。政府の発表した最新の住宅・土地統計調査（二〇一三年）には、建築の時期別住宅数が示されているが、大阪万博の年、すなわち高度経済成長の絶頂期にあった一九七〇年までに建設された住宅は全体の一割少々にすぎない。九割近くが築後五〇年を経ていない比較的若い「箱」なのだ。

「五〇年で「若い」だと？　日本の住宅の寿命は三〇年くらいと聞いたことがあるが？」と思う方もおられるだろうが、こういう場合に「寿命」と言っているのは、建ててから取壊すまでの年数のことで、老朽化、劣化によってどうにも持たなくなった年数ということではない。このことにご注意頂きたい。経済が成長する中、人々の要求水準も上がり、また建替える経済力もあったものだから、「手狭になったので」とか「設備が古いので」といった理由で取壊したものが多数を占めていたと考えられ、この場合物理的な寿命は来ていない。だから、建ててから取壊すまでの年数をもって、「寿命」と表すのは誤解を招きやすい。余程の設計・施工上の不具合でもない限り、少なくとも四〇年程度しか経ていない建物を寿命の近い年寄り扱いする理由はない。

　再び先ほどの統計に戻る。建築の時期不詳を除くと今ある「箱」の七割もが一九八一年以降に建てられたものである。そして、この一九八一年は国の耐震基準が大きく変えられた年で、それ以前の基準を「旧耐震」、この年に改められた基準を「新耐震」と呼んで区別していることは、今や多くの人が知っていることだろう。だから、少なくとも七割の「箱」については、「昔の耐震基準しか満たしていなくて心もとないもの」ではない。また、旧耐震の「箱」だったとしても、適切な耐震診断と必要に応じた耐震補強が施されれば、「昔の耐震基準しか満たしていなくて心もとないもの」ではなくなる。

次にかつて「『ウサギ小屋』等と揶揄されたような狭すぎるものが多くを占めているのではないのか？」という疑問について。そもそも一戸の住宅に住む世帯の人数が年々少なくなっているのだから、かつて当たり前だった四人や五人の家族が住むのに手狭だった「箱」も、一人世帯や二人世帯の増えた今日では全く手狭でないという状況がある。厚生労働省の国民生活基礎調査によると、一九五三年に五人だった平均世帯人員は、二〇一三年には二・五一人になっている。また、一九五三年に最も多かったのは六人以上の世帯、次いで五人世帯だったが、年とともに世帯は縮小し、二〇一三年には二人世帯と一人世帯が圧倒的で、その二種で過半を占めるに至っている。実際、以前子供の個室があった二階部分をほとんど使わず、一階部分だけで暮らしている高齢者の住まいというのはよく見られるし、掃除も大変なのでわざわざ狭い住宅に建替える需要まで顕在化してきている。その上、平均的に見て今ある「箱」の広さは、今新築している「箱」の広さに比して全く遜

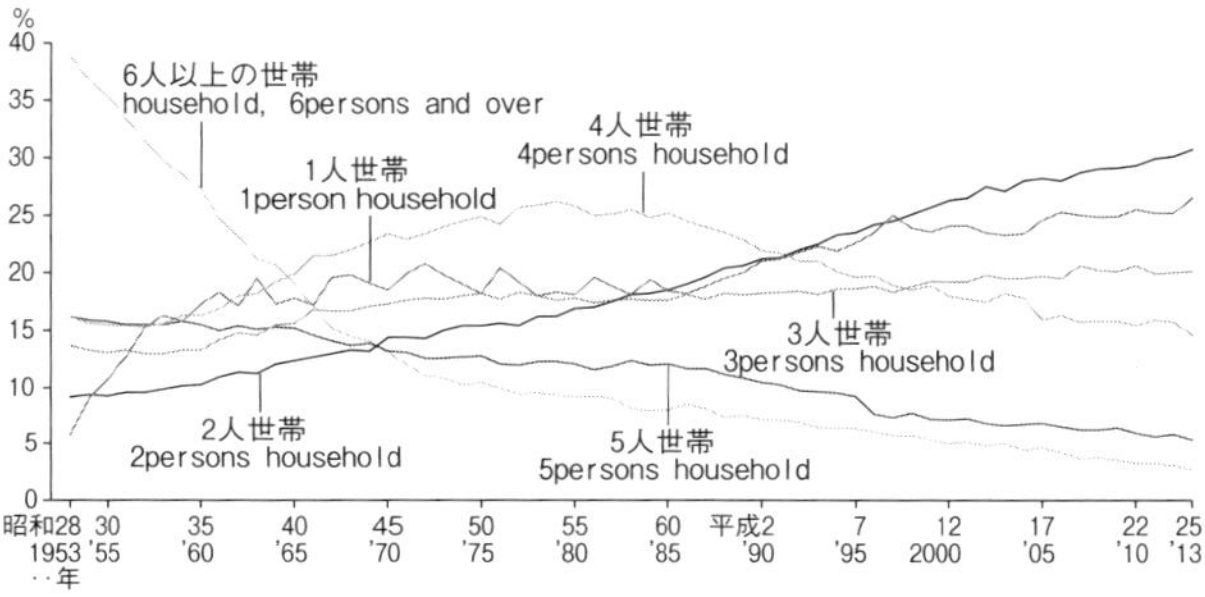

図30　世帯人員別にみた世帯数の構成割合の年次推移（厚生労働省「グラフでみる世帯の状況」2014年より）

色がないという事実も確認できる。

例えば、政府の発表する着工統計によれば、二〇一五年に着工された住宅の延床面積の平均値は八二・五平方メートル（持ち家一二二・九平方メートル、貸し家四八・四平方メートル）である。これに対して、三五年も前の一九八〇年のそれは九四・四平方メートル（持ち家一一九・三平方メートル、貸し家五七・一平方メートル）とより広い。三五年前の方が平均的に広い住宅を建てていたのだ。私のように高度経済成長期を生きた人間にとって、新築する住宅の広さと言えば、年々増えているものと思い込みがちだが、少なくとも私が大学を卒業した三五年前から今日までは、全くそのような傾向は見られない。

明確に言おう。今の日本は「空間資源大国」である。この質的にも大きな不足のない豊かな空間資源を、迷うことなく私たちの豊かな暮らしの「場」に仕立て上げようではないか。そのような声を高くしても良い時点に私たちは立っている。

✝アーティストたちが切り拓いたフロンティア

「箱」が余り始めた時、それらを使える空間資源として捉えて「場」にする行動は先ず何に誘因されるだろうか。経済的なハードルの低さが一番なのではないか。私はそう思っている。

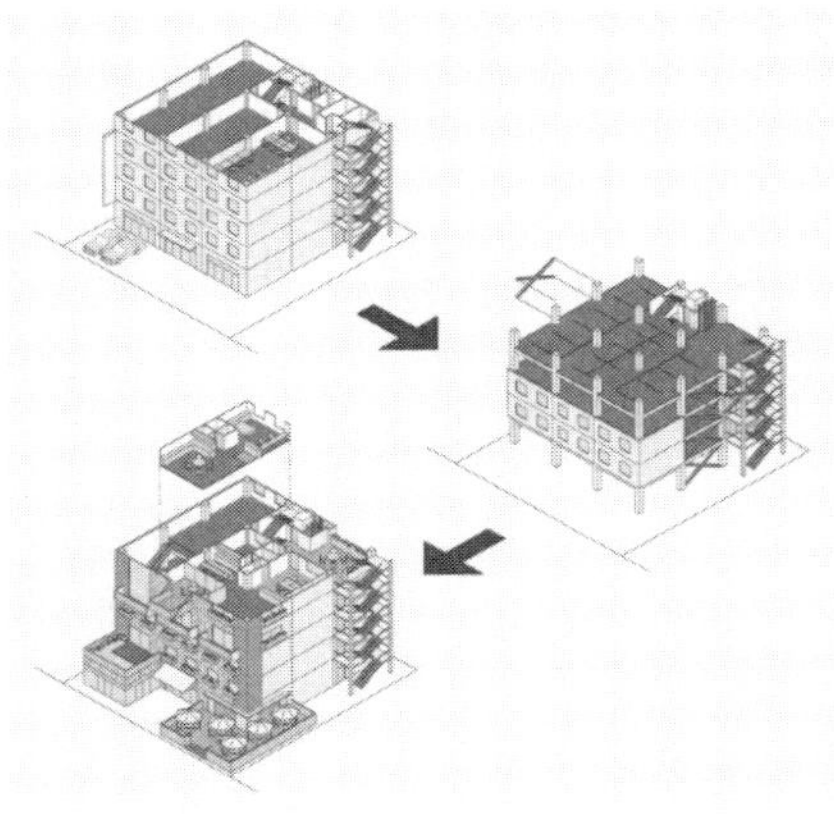

図31　「建物のコンバージョンによる都市空間有効活用技術研究会」がイメージしていた空きオフィスの住宅へのコンバージョン

二一世紀になった直後に建築界の多くの仲間と始めたのが「コンバージョン（建物の用途変更）研究会」（正式名は「建物のコンバージョンによる都市空間有効活用技術研究会」）だった。当時の首都圏では「二〇〇三年問題」なるものが話題になっていた。二〇〇三年には六本木や汐留で行われていた再開発が一段落し、大量の新しいオフィス床が供給され、古いもの、比較的不便な立地のものを中心に、オフィスビルの空室率が上昇するという悲観的な予想のことである。実際、二〇〇一年に私たちがコンバージョン研究会を組織した時点でも、オフィスの空室率は上昇していた。そこで、空いてきたオフィスを住まいに変えてしまおうというのが私たちの意図で、そうしたコンバージョンの前に立ちはだかる法律上の壁、技術上の壁を取払う方法を編み出そうというのが研究目的だった。

建物の新築だけではなく運用に関わる様々な法規。建築基準法や消防法もそうなのだが、事務所とか住宅とか旅館とかいった用途によって異なる要求水準を設定しているものが多く、法的に見て建物の用途変更はそう容易なものではない。オフィスを住宅に変える場合を例にとると、少なくとも、建築基準法上の避難規定に関する階段までの歩行距離と二以上の直通階段の設置、採光上必要な開口面積、消防法に関わる消火器具や屋内消火栓の設置数が、オフィスと住宅で異なる規定になっているため、それへの対応が必要になる。技術的にも、新築に偏向した産業形成のせいで、既存の建物を改修する技術は十分に開発も提供もされていなかった。だから、自分たちで何とかしようと考えたのである。

このコンバージョン研究の意味について、当初は、安易なスクラップ・アンド・ビルドから脱却し、無駄な廃棄物を出さないサステナブルな居住環境運営の方法をという文脈で説明することが多かった。ただ、私自身は、東京のような大都市の活力を維持するための木賃アパートに代わる住まいの形態という位置付けで捉えていた。

私もその一人だったが、地方から大都市に出てきた若者は木賃アパートに住むというのが、高度経済成長期以来の定番だった。利便性の悪くない場所にありながら、設備の低級さや狭さからか、手の届く家賃で大量に供給されていたからだ。政府と自治体の政策に基づく公営住宅なんかよりも、遥かに多くの低収入の人々に生活空間を提供してきた日本の建築史上とても大きな存在だと評価していた。日本における第一世代の民主化の立役者である。ところが、利便性の悪くない場所では、より高層の非木造マンション等への建替えが進行し、大都市に出てきた若者にとって唯一アフォーダブルだった木賃アパートは急速に姿を消しつつあった。東京のような大都市の活力は、稼ぎは少ないけれど希望と才能や野心を持った若者がいつでも外から入ってくることによってもたらされていたはずなのに、そうした若者を住まわせる場所が失われていくのに任されているというのはどういうことなのか。私は強くそう思っていた。だから、どうせ空いているオフィスをあまりコストをかけずに住まいに変えるコンバージョンに、木賃アパートのようなアフォーダブルな住まいの提供を期待したのである。

その点で、ニューヨークのＳＯＨＯ地区で一九六〇～七〇年代に起こった、軽工業の倉庫や工場、オフィスのアトリエや住まいへのコンバージョンの面的な拡がりは、とても心強い先駆例だった。ここで行動を起こしたのは、自らの才能を信じニューヨークにやってきて、創作活動にもある程度の広さの空間が必要なのだが、収入が少ないためまともなアパートには住めない、或いはアトリエを構えられない若いアーティストたちだった。

この経緯については、都市社会学者シャロン・ズーキンが一九八二年に著した『Loft Living』（Sharon Zukin, *Loft Living : Culture and Capital in Urban Change*, The John Hopkins University Press, 1982）に詳しい。それによると、ニューヨーク市は一九四〇年代から抽象芸術、ポップアートの世界的な発信地になり始め、多くの芸術家が国の内外から集まるようになっていたが、一九五〇年代から彼らのSOHO地区への流入が始まったと言われる。例えば、ローシェンバーグは一九五三年に月一〇ドルでロフトを借りている。しかし、そうした部分的な間借りではなくロフト建物一棟単位のコンバージョンを構想し最初に実現したのは、前衛芸術運動「フルクサス」の先導役であったジョージ・マチューナスである。彼は空きロフト建物一棟を芸術家アトリエの協同組合で購入する方式を着想し、一九六六年の「フルックス・ハウジング・コーポラティヴ」を皮切りに、その後の数年間で約二〇棟のロフト建物のコンバージョンを実現した。当時ロフト建物のような工業用途或いは商業用途の建物に芸術家のアトリエが入居することは違法行為だったが、一九七〇年までには約六〇〇のロフトがアトリエや住居として芸術家向けに売却或いは賃貸され、約二〇〇〇人の芸術家やその家族がSOHOで生活するようになっていたとされる。また、それに伴いこの地区への画廊の転入も相次いだ。そして、一九七一年には漸くSOHO地区のゾーニングが変更され、部分的に居住用途を許容する地区が設けられた。一九七五年には、コンバージョンの場合も、新築と同様に住宅供給としての補助金が得られるように市の制度が改正された。一九八一年には「ロフト法」により、ロフトの居住用途へのコンバージョンの規準が定められ、それに合わない居住は規制対象となった。

「場」を創るコンテンツは人の生き方だということを述べたが、若いアーティストの創作活動は多くの場合、彼らの生き方そのものだ。「住む」と「働く」を明確に区別した近代の雇用者とは違う。住んでいるのか、遊んでいるのか、働いているのかわからない。「暮らし」或いは「生」としてそれらが混然一体になっている。そんなアーティストたちが先頭を切って「箱」を「場」に変え始めたのは、自然な流れのように思える。

安くて広い空間資源に、「住む」「遊ぶ」「働く」が混然一体になった新しい暮らしを埋め込む若いアーティストたち。この現象は、私たちのコンバージョン研究が一区切りついた二〇〇四年頃には既に、日本でも起こり始めていた。

類例は少なくないが、一つだけ紹介しておこう。都市計画事務所を辞し、新潟で染物アーティストを始めたHさん夫妻。初めは新潟市内のアパートで始めたが、染物用の水槽をいくつも置くにはいかにも手狭で苦労していた。その折に思い出したのが、学生時代に携わった集落調査で出向いたことのある海沿いの集落だった。茅葺民家がぽつぽつと残るその集落には、何軒も使われていない空き家があったことに思い当たったのだ。当然ながらそれらは不動産市場で流通していない。集落の長老のもとに何度も足を運び、ようやく建屋三棟と庭のあるお宅を借りることに成功する。Hさんの熱意と人柄が伝わり、集落への仲間入りがかなったのである。家賃はなんと月一万円少々。人だけがいなかった「箱」に、今ではHさんの豊かな生き方が埋め込まれている。

近所の老人たちが野菜や果物を持って、毎日のようにHさん宅を訪ねてくる。力仕事等の手伝いを頼まれることもしばしばだ。そういう時Hさんは、染物の手を休めて気軽に付き合う。ここで暮らし始めて一年後には、集落の文化部長に指名され、集落外の人が楽しみに訪ねてくるようなイベントの企画と実施にも汗を流すようになった。Hさん宅を訪ねてくる新潟市内の友人たちも、都市では経験できないここでの暮らしの豊かさに心惹かれ、一人二人とこの集落の空き家に移住してきている。Hさんに続いたのは必ずしもアーティストとは限らない。公務員やサラリーマンもいる。そして、最早単に一軒の空き家の話ではなくなっている。複数の建物と人々の営みが形作る集落という空間が資源として再発見され、若者たちの暮らしの「場」としてゆっくりと再生されつつあるのだ。

†利用の構想力

「箱」造りには専門的な知識・技術を様々に投入する必要がある。物として考えただけでも、地盤と基礎に関する知識・技術、地震や風による建物への荷重とそれに耐える構造物に関する知識・技術、雨から内部空間を守るための排水や防水に関する知識・技術、万が一の時でも火災を拡大させないための防火や耐火に関する知識・技術、外気の不安定な温湿度の影響を抑えて室内の温熱環境を安定的に制御するための知識・技術、適度の通風や通気を確保するための知識・技術、建物を構成する様々な材料の耐久性とその向上・維持のための知識・技術、それら材料の健康への影響に関する知識・技術、キッチン、便器、洗面台、浴槽、給湯器、配管類から成る給排水設備やヒートポンプ、換気装置、ダクトから成る空調設備に関する知識・技術、将来の解体と材料のリサイクルやリユースに関する知識・技術等々、多分野の知識・技術が必要だ。これに加えて、空間の寸法や色彩、配置等と人間の行為や認識の関係に関する各種の知識・技術も不可欠である。もちろん法規や歴史に関する知識も、「箱の産業」の中での契約、調達、分業体制等に関する知識もなくてはならない。大学の建築学科ではタイトなカリキュラムの中でこれらの知識・技術を万遍なく教えようとしてきたし、国家資格である建築士の試験でも概ねこれらの知識・技術が求められる。

一方、既存の「箱」を利用しての「場」創りの場合はどうか。「箱」は既にあるが、それが十分な質を保有しているかどうか、どこかに手を入れなくても大丈夫かを判断する上では、「箱」造りの際の専門的な知識・技術が必要だし、新たな「場」を設えるべく建物を触る場合にも必要になる。けれども、「箱」に手を入れたり、触ったりしなくても「場」創りが進められるケースも十分にあり得る。建築の専門知識、専門技術は「箱」造りにおいては主要な座を占めてきたが、「場」創りでは必須ではないし、主要な座を占めもしない。

「場」創りにおいて主要な座を占めるのは、従来のような専門的な知識・技術ではなく、「箱」をどう利用してどんな暮らしの「場」を創るかについての、生活者の自由な構想力である。これを私は「利用の構想力」と呼び、来るべき「場の産業」の中核をなすものと考えてきた。知識や技術を持つ専門家よりも、構想力を持つ生活者が待望される時代なのだと思う。

生活者の「利用の構想力」と言うと、先に触れた都築響一さんの『賃貸宇宙』に出てくるアパートの一室程度の空間の利用、或いはせいぜい前節で紹介したHさんの空き家程度のそれをイメージされるかもしれないが、対象となる空間の大きさは限定されない。それに、構想する生活者も一人とは限らない。構想する暮らしの「場」次第なのである。

コンバージョン研究が終わった直後の二〇〇五年、南米コロンビアの大都市メディジンで市内唯一の監獄だったという築一〇〇年程の巨大な廃墟が、貧しい子供や大人の暮らしの「場」に仕立て直された見事な事例を訪ねる機会があった。町の中心にある広場に面したその建物は、長年空いたままにされていて、自ずと広場も活気のない危険な場所になっていたという。他方で、この地区の周辺には貧しい人たちの居住地があり、放課後の子供たちが楽しく遊び、学び、大人と触れ合う「場」が求められていた。そうした住民の個々の漠然とした要求を「利用の構想」としてまとめ上げたのは、地元の住民サービス系NPOだった。今では、巨大な元監獄は、子供を中心とする地元住民の新しい暮らしの「場」として活気に満ちている。

思い切り遊べるプールや体育館、家にないパソコンを自由に触れる部屋、一〇代そこそこで妊娠してしまう女子たちのカウンセリングをするコーナー、無職の父親たちのための職業訓練の施設等々、様々な「場」が緩やかに繋がっているが、私が最も心打たれたのは図書室である。

結構広い空間だが本の数は案外少ない。この「場」の設えと運営の責任者だという若者が案内してくれた。一〇代の頃には、この地区の少年たちのご多分に漏れず、危険な不良行為に手を染めていたというその若者は、自分たちにとっての図書室の重要性を誇らしげに英語で説明してくれた。

「確かに本は少ないし、体系的に揃っているわけでもありません。ただ、子供たちにとっ

図32　元監獄の建物を周辺住民の集える「場」にしたメディジンの例。プール（上）と図書室（下）

ては本があることが重要なのです。彼らは学校で読み書きを習います。でも、彼らの家には本も新聞も何もないのです。学校で習った読み書きを使える場面が家にはないのです。でもここに来ればそれがある。読み書きによって世界が広がるということを、彼らはここで学ぶのです。素晴らしい場所でしょ」

私的な思い出になるが、この時、二〇年程前に読んだ浅田次郎作『蒼穹の昴』の中の美しい場面を思い出した。袁世凱を暗殺しようとして捕えられた王逸という人物が、耳の聞こえない世話係の少女に「宇宙」という文字を教え、その概念を何とか知らせようとする場面だ。本書の主題から少し離れるが、文字で広がる新たな世界を実感する無垢の人という点で、メディジンの子供たちとこの『蒼穹の昴』の少女は同じだと感じた。そして、文字情報が溢れる現代日本では最早意識することもない、図書室や図書館の「場」としての初心に触れた思いで、少々胸が熱くなった。建築学科では図書館の計画についても学んだが、残念ながら、こういうリアルな暮らしの「場」としてのそれを学んだ記憶はない。出来上がった仕組みばかりを学んでいた気がする。

さて、本題に戻ろう。人々の「利用の構想力」は大きな「箱」も新たな暮らしの「場」にする力を持っている。実は私自身も少し関わりがあり、今もよく利用している「場」もそうした例の一つに数えられる。千代田区で廃校になって五年程経過していた地下一階地上三階の中学校校舎を、イベント会場、ギャラリー、スモールオフィス、カフェ等の集まるアートセンターに変えた「アーツ千代田３３３１」だ。二〇一〇年にオープンし、その三年後の二〇一三年には年間八〇万人もが訪れる開かれた暮らしの「場」になった。

この「場」創りは、今もここの運営の中心にいるアーティストの中村政人さんの「利用の構想力」を土台にして進められた。明治以来の芸術の中心地上野と、世界に対するクリエイティヴな発信力で際立った存在となった秋葉原にはさまれたエリアに、日本の若いアーティストが集い、交流し、世界に発信するアートセンターのような「場」があればという思いを温めていた中村さんが、望んでいたエリアのこの空き校舎と出会ったのだ。既に「利用の構想」が具体的にあったものだから、この出会い以降の事の進行は早かった。

メディジンの例も千代田区の例も、既存の「箱」を相当程度触っており、そこには当然ながら「箱の産業」の建築家やゼネコンの専門的な知識・技術が投入された。しかし、「利用の構想力」がなければおそらく何も起こっていなかっただろう。

†二一世紀的な移住現象

「利用の構想力」が表れる代表的な現象に、地方の空き家への移住がある。先述した新潟の染物アーティストHさんの例もその一つだった。

今若い人たちの間で広まりつつある地方への移住。それはまさに生き方そのものだと言える。このことは、地方自治体等が大都市圏からの移住を誘うべく準備したWEBサイトの類を見ているとよくわかる。

例えば、広島県地域力創造課と「ひろしま暮らしサポートセンター」が運営している「HIROBIRO ひろしま移住サポートメディア」(http://www.hiroshima-hirobiro.jp/)。ここには広島に移住した人の生き方が写真付きで数多く紹介されている。「Mさん(京都府→広島県):自分が選び自分の足で歩むと世界は変わっていった」、「Nさん(東京都→広島県):キャリア官僚からの転身。地方にいて自分の人生を輝かせるチャンスが減ることはない」、「Kさん夫妻(スペイン・東京都→広島県):イタリアで出会ったスペイン人と日本人の夫婦が築一五〇年の古民家を改修してパン工房兼カフェを開店。食へのこだわりと芸術性・国際性のある取組が地域内外に広がっている」といった具合だ。

地方に移住して新しい暮らしを始めたい都市住民と全国の地方自治体のマッチングを行っているNPO法人「ふるさと回帰支援センター」によると、東京にある同センターへの問合せ・来訪者の数は年々増え続け、二〇一五年には年間二万件を超えたという。二〇〇二年の設立時には、団塊の世代の田舎暮らしを支援することを念頭に置いていたようだが、今では全く状況が違ってきている。二〇一五年の同センター利用者の内、六〇歳代以上は一六％にすぎず、これは二〇歳代以下の比率とほぼ同じだ。年々目に見えて増えているのは三〇歳代と四〇歳代で、二つを合わせると五割を超えている。ちなみに同センターは、東京での来訪者とセミナー参加者に移住希望地を聞いており、二〇一五年のベスト10は、長野、山梨、島根、静岡、岡山、広島、高知、秋田、大分、宮崎となっている。少し意外だが、首都圏から遠く離れた西日本の県が過半を占めている。

若い世代が明らかに増えてきたのは二〇〇八年のリーマンショック以降、西日本の県がベスト10に入るようになったのは二〇一一年の原発事故以降というのが、同センターによる説明だった。生き方を考え直す出来事と移住の増加が関係しているということだ。

このことを説明して下さった同センター副事務局長の嵩和雄さんによると、地方への移住についての関心が働き方を含めたものへと変化してきているとのこと。曰く、「地方に行って悠々自適に暮らしたいという方は相談者の中でも一八％に過ぎません。むしろ、仕事が無いのであればそこで起業をするという「なりわい起こし」やあくせく働いたりせず農業をしながらほどほどの暮らしをしたいという「半農半X」という働き方を望む方が徐々に増えてきました。移住先の条件として一番目に挙がるのは「自然環境がいい」ですが、現在は「就労の場がある」という条件が二番目になっています」

移住で新しく働く場をつくろうという取組みは今日本の各地で見られる。二〇一六年春に消費者庁の「お試し移転」で話題になった徳島県神山町は、その代表例である。長年過疎に悩んできたこの町では、今、空き家にＩＴ関連企業のオフィスが入り、パン工房、イタリアン・レストランと、次々に新しいコンテンツが埋め込まれている。その仕掛けの中

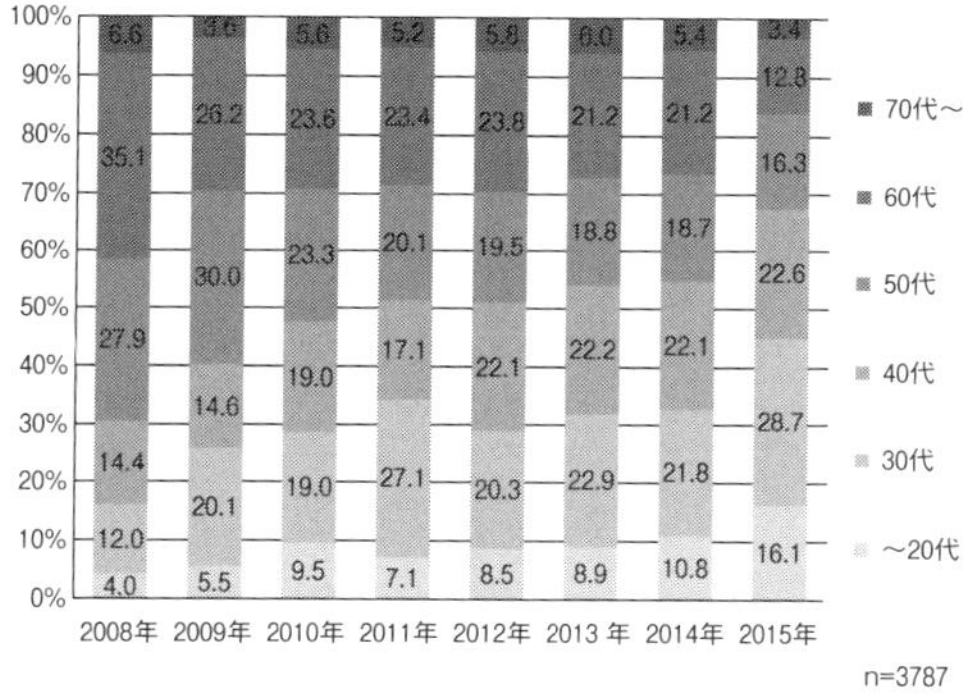

図33　ふるさと回帰支援センターの利用者の年代の推移（東京、同センター資料より）

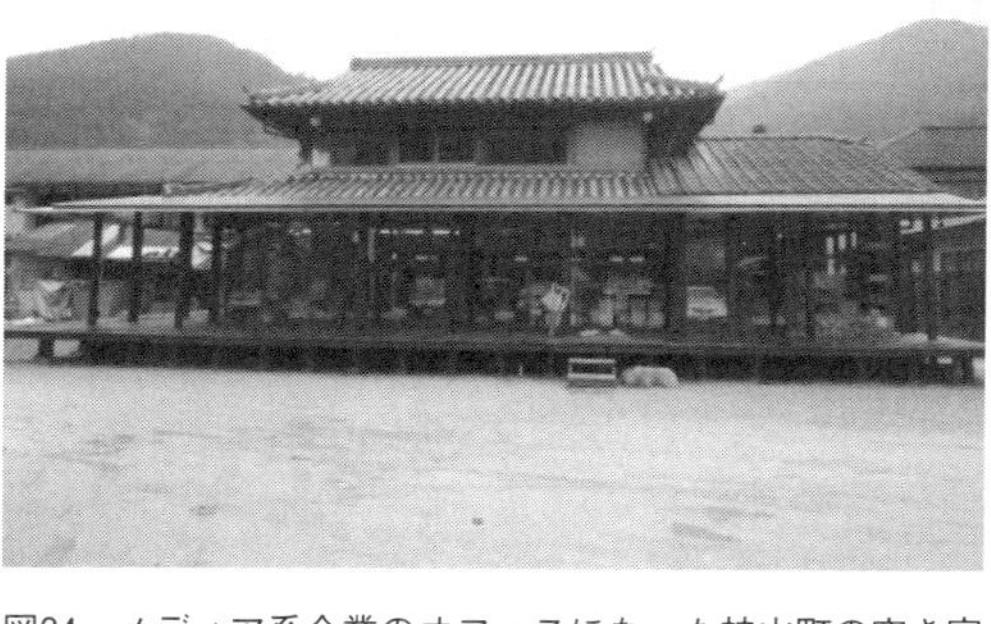

図34　メディア系企業のオフィスになった神山町の空き家

心になっているのが、二〇〇七年から神山町の移住交流支援センターを運営しているNPO法人「グリーンバレー」だ。大南信也理事長の基本方針は以下のようなものだ。

「僕が考えて二〇〇八年くらいから「創造的過疎」という言葉を使い始めました。要するに、人口減少数に囚われるのではなく、内容を考えていこうということです。例えば、これまで過疎地域で様々な農林業政策が行われてきましたが、うまくいっているところは少ない。むしろ、多様な働き方がある地域になっていけば、農林業だけに頼らない新しい地域の形ができるんじゃないかという考え方です」

具体的には、町の住民で「この建物はパン屋さん」とか「この建物はデザイナー」とか、これからの町に必要な仕事を空き家ごとにタグ付けして移住者を募集している。地域に仕事がないから、仕事を持っている人に来てもらおうといういわば逆転の発想だ。特徴的な取組みは二〇一〇年の「オフィス・イン・神山」というプロジェクト。当時アーティストは毎年来てくれるようになっていたらしく、今度はアートとビジネスの中間に位置するような人たち、例えば、映像作家とかカメラマンとかグラフィックデザイナーのような人たちが、安く滞在できるオフィスをということで、空き家を改修する形でつくった。そして、ものの見事にそれまで神山町には縁のなかった仕事の場が新たに形成され、仕事をしながらここで暮らす新住民が移住してきたという訳だ。

日本中に有り余るほどの空間資源が存在していることが、移住による人の新しい生き方の発見を可能にしている。そして、若い世代を中心とする人の移住によって、人口減少と高齢化の進行に歯止めのかからなかったようなまちが、様々な暮らしの「場」を支える新たな人材を得て、これまで見ることのできなかった未来を描けるようになりつつある。この現象は、二一世紀の日本だからこそ、大きく展開する可能性がある。

†「高品質低空飛行」という生き方

二〇一三年、当時リクルートにいらした島原万丈さん（現Home's総研所長）のご案内で、古い倉庫をイベントスペース等としてまちに開放している「早川倉庫」を訪れた。その見学後、「すぐ近くに、かなり古い町屋を自分たちで改造しながら住んでいるカップルがいますので、ちょっと寄ってみましょう」ということになり、その町屋を訪ねた。私たちが訪ねた時も、首都圏から九州のこの地に移住してきたというカップルは、床下地の改修やら、壁の断熱強化やらに精を出していた。一息ついたところで名刺交換。池田さんと伊藤さんだ。池田さんはWEBデザイナー、伊藤さんは写真家と聞いていたが、伊藤さんから頂いた名刺の肩書きは「暮らしかた冒険家」となっていた。まさに新しい生き方を発見するべく「冒険」しているという訳だ。実に面白い。

帰京してしばらくしてから、あるシンポジウムのパネリストとして女性の「暮らしかた冒険家」に登壇してもらおうと思い連絡したが、伊藤さんの都合はつかず、池田さんが来て下さった。素晴らしいプレゼンテーションだった。従来の在り来りなサラリーマン生活などとは違う自分達らしい生き方をという思いと、説得力のある実践が明快に表現されていて、思わず膝を打った。中でも自分たちの目指す生き方を形容した「高品質低空飛行」という言葉には大いに得心がいった。

「高品質低空飛行」。自分たちの親の世代（団塊の世代）から見れば、稼ぎも少なく、不便な暮らし、つまり「低空飛行」に見えるかもしれないけれど、時に友人の参加も得ながら町屋の改修に自分たちのペースで精を出し、地元で採れた食材を楽しむ。首都圏からの仕事の依頼にも、概ねネットを利用して従来通り対応するが、都会にいた時のようにあくせくとはしない。そんな「高品質な」暮らしを手に入れているのだと言う。

「今はそれでいいかもしれないけど、将来はどうするつもりか？」と心配する親世代の大人たちには、「社会全体が右肩上がりで、何も考えなくてもここまで来て、年金の心配もないあなた達と比べれば、社会全体の見通しがきかない時代に生きる自分達の方が、「生き方」をよほどよく考えていますので、ご心配なく」という具合に手厳しい。が、彼らを取巻く状況はその通りだろう。そして、よく考えた末の結論が「高品質低空飛行」なのである。

ふるさと回帰支援センターの嵩さんも同じようなことを話してくれた。若い移住者の新しい生き方に「多職」というものがあるという話だ。先ほど「半農半X」という言葉が出たが、これと類似するもので、地方に移住していきなり一つの仕事で十分な稼ぎを得るのは難しいが、複数の仕事を無理のない範囲で掛け持ちしてすごせば、そこでの暮らしを支えるのに十分な稼ぎが得られるという現実的な生き方の方針のことである。嵩さんによれば、場所にもよるが、月五万円程度の稼ぎになる仕事を、例えば農業で五万、カフェで五万、地元の高齢者のネットやパソコンの指導等で五万といった具合に、五種類も集めれば、そもそも食費も左程かからないし、十分豊かに暮らして行けるとのこと。

団塊の世代の後を追い、右肩上がりの時代にどっぷり身を置いてきた私のような者では、頭でわかっても体がついていかないところだが、こうした「高品質低空飛行」の生き方は十分にリアリティがあり、豊かな空間資源を持つ今の日本は大いに「冒険」しやすい環境にあると言えそうだ。

†弱い個人を結ぶ柔らかな絆

今ある空間資源に手を加え、そこを新しい暮らしや仕事の場に変えることを「リノベーション」と呼んでいる。リノベーションの核になる構想自体は、多くの場合建築空間的なものではなく、まちでの暮らしや仕事についてのそれである。生活者としてのイメージの膨らみや、事業としてのリアリティに対する感性がなければ、リノベーションの構想は面白くもならないし、実現可能性も高まらない。しかも、新築とは違って、手掛かりになる建物は既にある。建築の専門家でなくても、いくらでも取掛りが見つけられる。

リノベーションに見られるこの現象は、専門家の内に閉じがちであった建築の世界が生活者に向けて開いていく現象として捉えられ、私自身は、リノベーションが、これまでとは大きく異なる「民主化する建築」の時代を切り拓きつつあるのだと、期待に胸を膨らませている。それこそが建築界にとってのリノベーションの新しさなのだと思う。

例えば、不動産オーナーの構想力の発揮が面白いことになっている。空室率の高い築古賃貸マンションを、自由に壁紙が選べるカスタマイズ賃貸や、住み手の好きにリノベーションできるオーダーメイド賃貸という新たな方式で市場に再投入し、待ち行列を生み出すまでに変えた「メゾン青樹」の青木純さん。

そもそも建築界では一九七〇年代以来、住戸内を住み手の自由にできる賃貸集合住宅の実現を目指して、ハブラーケンの思想や手法を援用してオープンハウジングやＳＩ（スケルトン／インフィル分離型）住宅などと理屈を作り、延々と議論を続けてきたが、実験の域を出るものはほぼなかったと言って良い。その目指してきた状態を、一人の賃貸オーナーの構想力が実現してしまったのだから面白い。

では、何故青木さんはこういう事業を始めたのか。青木さんは、自身の仕事であるオーナー業のあり方を見直す中で、この賃貸方式に行き着いたという。そして、オーナー業のあり方を見直すきっかけになったのが、リクルート住宅総研時代の島原万丈さんたちがまとめた「愛ある賃貸住宅を求めて NYC、London、Paris & TOKYO 賃貸住宅生活実態調査」(http://www.jresearch.net/house/jrsearch/chintai/) だった。

「時間をかけて世話したからこそ、きみのバラは特別なバラになったんだ」というサンテグジュペリの美文で始まるこの報告書を読んだ青木さんは、「オーナーとしての自分はこの賃貸マンションを愛しているのか? 住み手はこの賃貸マンションを愛しているのか?」と問いかけ、「つまらない賃貸」から「愛ある賃貸」への変貌を企図し始めた。その中で、住み手が積極的に関与し、オーナーがそれを全面的にサポートする方式に辿り着いた。材料決めや施工を含む一連のプロセスとそこでの密度の濃いコミュニケーションが、このマンションに豊かな近所付合いを生み出し、その人間関係が更にこのマンションに新しい魅力を付与している。

DIYでやるセルフ・リノベーションに、相互扶助よろしく近所の住み手も参加する方

図35　オーダーメイド賃貸の一例（写真提供：青木純）

図36　シェアハウスの共用空間での１コマ（写真提供：リビタ）

式を通して親しくなった住み手同士は、青木さんが巧みに設えた屋外のテラスで気楽なパーティを定期的に開く。その場に参加した住民の友人や、SNSによる住み手の発信に触れて興味を持った他所の人が、ここに住んでみたいと言って集まってくる。住んでいる人がわかること、住み手同士もオーナーも友達付き合いしていること。これは従来の近所付合いの希薄なワンルームマンション等には見られなかった「場」としての価値である。そして、この価値が空室率の減少、事業性の向上にダイレクトに結び付く。

以前、フランス文学がご専門で『借家と持ち家の文学史―「私」のうつわの物語』（三省堂、一九九八年）等、住まいや家族に関する著作も多い西川祐子さんにお話を伺った折、一人世帯が増えている状況等を踏まえると、これからの居住空間には、そうしたいわば「弱い個人」を結ぶ柔らかな絆が求められるというお考えに触れ、共感したことがある。西川さんは、現代の個人とは、近代の家長のような家族を擁し、確固たる私有財産を築いた堂々たる個人ではなく、弱い個人であることを踏まえたいと仰っていたが、青木さんのカスタマイズ賃貸や、この五年程の間に首都圏を中心に急増しているシェアハウスの類は、まさにそうした弱い個人を結ぶ柔らかな絆を育む新たな暮らしの「場」になっている。

二一世紀的な移住現象と同様に、人の生き方と深く関わる形で空間資源としての建築が人々に開かれていく、希望に満ちた現象である。

†「原っぱ」の自由

通常の建築設計では、出来上がった「箱」の中のどこでどういうことが行われるかをじっくり考える。「ここは音楽室です。ここは理科室です。職員室です。講堂です。……」といった具合である。諸室の幅や奥行き、天井の高さ、窓の位置や大きさに開閉方式、各部の仕上げ材料とディテール、設置すべき設備とその場所等々、それに応じて空間の設えを適切に考えるのが建築設計の本質だ。しかし、利用者によってそのように使われなければ、それぞれの空間は音楽室にも、理科室にも、職員室にも、講堂にもならない。新築において、これは由々しき事態だ。設計意図通りに使われないのでは、そもそも何のために設計したのかわからなくなるからだ。

ところが、空いている「箱」を使って新たに暮らしの「場」を創る場合は、事情が異なる。そもそも空きビルや空き家は、設計時に想定した各空間の使い方のままで立ち行かなくなったために空いている訳である。だから、初期の想定のままでは眠ってしまっていた空間資源としての可能性を、新しい利用の構想力で引き出すこと、それが本書で扱っている「場」創りの本質だ。人の生き方が新築当時のそれとは変わっているのだから当然と言えば当然だ。そして、そこには設計者の意図に縛られない生活者・利用者の自由がある。

この自由は、リノベーション事例ならどこでも大いに発揮されているのだが、わかりやすい例を一つだけ挙げておこう。

先に紹介したカスタマイズ賃貸の青木さんと同じく、空室率が上がるに任されていた賃貸マンションを新たな暮らしの「場」に仕立て直し、不動産賃貸業としての自らの経営を立て直したことで知られる賃貸マンション・オーナーの吉原勝己さん。その吉原さんが、築五〇年を超えた福岡の賃貸マンションに新しい暮らしと仕事を埋め込んで、人の集う「場」を創り出した「リノベーション・ミュージアム「冷泉荘」」。かつては同じ面積の住戸が並んでいるだけの中層アパートだったが、ベーグル・カフェ、韓国料理屋、シェア・オフィス等が軒を連ね、「管理人」と称する杉山さんの好きなもので埋め尽くされた不思議な管理人室もあれば、住民が好きな時に使える卓球室もある。およ

図37　福岡中心部にある「リノベーション・ミュージアム「冷泉荘」」。下は管理人の杉山さんと管理人室

そ新築時の設計者が考えもしなかった空間資源の利用が大々的に展開しているのだ。「自由」という言葉が自然と口をついて出てくる。そんな事例である。

私が仲間とともにコンバージョン研究を進めていた二〇〇四年、大学時代の同級生で建築家の青木淳君から著書『原っぱと遊園地』(王国社、二〇〇四年)が送られてきた。遊園地のように予めそこで行われることがわかっている建築よりも、原っぱのようにそこで行われることが規定されていないような建築を目指したいという主旨の本だった。建築家である彼の場合は、原っぱのように建築を創りたいということだったろうが、私には新築される建築はすべて「遊園地」で、冷泉荘のようなリノベーションを受け入れる空間資源こそが「原っぱ」だと思えた。ただ、卒業後互いに違う道を歩いてきた同級生が、「遊園地」より「原っぱ」が良い」という深く共感できる価値観に至っていることに、強い時代性を感じた。

それにしてもなかなか上手い比喩だ。そう、豊かに存在する空間資源を新しい暮らしの「場」に仕立て上げるリノベーション、そこで見られる利用者の自由には、「原っぱ」の自由」という呼び方がしっくりくる。第一世代の民主化が各地に遊園地を整えること、第二世代の民主化がそれぞれの遊園地に固有の特色を持たせることを目指したのだとすれば、「原っぱ」の自由に目を転じるような時代の空気になってきたことは、民主化が新たな段階、即ち第三世代の民主化の段階に入ったことを示唆している。

†新たな段階の民主化

民主化が新たな段階、即ち第三世代の民主化の段階に入ったと私が感じているのには、他にも根拠になる現象がある。ＤＩＹやセルフリノベーションの流行である。

建物の大きさや複雑さからして、その新築時にいきなりＤＩＹをやるというのは相当に難しい。皆ができるようなことではない。それに対して、既存住宅の改装程度なら気軽にＤＩＹが楽しめると以前から思っていた。そう思い始めた一九九〇年代、なかなかＤＩＹが普及しない状況の中、ＤＩＹ文化が完全に根づいていたアメリカの友人にある調査を依頼した。ＤＩＹ向けの建材流通が彼の地においてどのように発展してきたか、それを明らかにする調査だった。その調査報告書の冒頭で、彼は次のような認識を持って読むように要求していた。即ち、アメリカ人は住宅の改装だけをＤＩＹでやっている訳ではなく、日本では他人に任せているような他の事柄、例えば役所への届出関係の面倒な書類作成、広い庭の手入れ、車の修理等々もＤＩＹつまり自分でやっているのだということ。そして、生活全体に通じるＤＩＹ精神が存在する中での住宅改装のＤＩＹだということ。もし日本人が一般的に車の修理をプロに任せているのであれば、住宅についてだけＤＩＹが普及するということはないだろうということ。そうした認識を持てと彼は述べていた。確かにそうだと思ったし、もしそうだとしたら日本で住宅改装のＤＩＹなどなかなか流行らないだろうと思いもした。

ところがである。十数年が経ち、気付いてみたら、リノベーションの世界では「セルフリノベーション」と呼ばれるＤＩＹがブームになっている。実際、二〇一五年に先の吉原さんとお会いした時、「今福岡では、少々古くて空室率が高止まりしているような賃貸マンションでも、「セルフリノベーション可」と言っただけで行列ができる状態です。セルフリノベーションが流行っていて、供給が追い付いていない状況なんです」と伺った。

同じ年、遅ればせながら「ＤＩＹのカリスマ女子」が現れる時代になっていることを知った。その代表、久米まりさんには、同年春に開催された第八回北九州リノベーションスクールでお会いした。当時私はそのカリスマ振りを知らなかったのだが、打上げパーティ時に、大手ゼネコン設計部の部長さんが「今回あの久米まりさんが来てるんですよ。だから、私は久米さんが教えてくれる「セルフリノベーション」コースをとったんです」と感激している様子なので、「申し訳ないけど私は久米さんのこと知らないんですが……」と白状したところ、この部長さんだけでなく、周りにいた人が、どれだけ高度な技を持ったＤＩＹ女子かをたっぷり教えてくれた。限られた生活費の中、化粧品を買うか建材を買うかで建材の方を選んできたという久米まりさんは、賃貸借契約の「旧状復帰義務」を果たせるように工夫したセルフリノベーションのための様々なディテールを生み出してきた。「久米まりさんはディテールが凄いんですよ」と、ベテラン設計者を唸らせるＤＩＹ女子が、少なくとも外見上はごく普通の若い女性であることも意外だった。ＤＩＹは腕に覚えのあるおじ様の少々特殊な趣味ではなくなっているのだ。

　現在、普通の人がセルフリノベーションするための環境は格段に整ってきている。かつてアメリカでしか見ることのできなかった大規模なホームセンターは、今や日本のあちらこちらに存在している。Ｒ不動産の運営する「toolbox」のように、セルフリノベーション向けの建材を扱うネット上のセレクトショップも現れた。ＳＮＳ等でセルフリノベーションのやり方やその楽しさに関する情報が日々拡散されてもいる。

図38　カリスマDIY女子久米まりさん（UR都市機構ブログより　blog.ur.net.go.jp/kansai-diy/2014/07.html）

　生活者自身が空間資源に手を入れ「場」創りを楽しむセルフリノベーションは、「第三世代の民主化」と呼び

図39　R 不動産「toolbox」のトップページ（写真提供：東京 R 不動産）

得る現象だ。ホームセンター型建材流通の普及とネットによる集合知の形成が、それを可能にしている。そして、生活者が主体性を発揮する場面、或いは関心領域が、インテリアから自分たちの暮らしの「場」としてのまちへと拡張しつつあるとしたら、それこそ「第三世代の民主化」いよいよ本番である。

第5章

第三世代の民主化、その作法

健康で近代的な暮らしがおくれるような建物＝「箱」を人々に届けるために、優れたプロトタイプを案出し、量産技術で遍く実現することを目指して専門家たちが邁進した第一世代の民主化。その目標がある程度達成された時点で、第一世代が軽視してきた人々の個性や「箱」の置かれる地域の特性等を考慮の対象とすることの重要性を認識し、専門家たちが第一世代の基盤だった「近代」志向から脱する、或いは多様化という言葉に代表されるような市場の変化に適応することを目指した第二世代の民主化。そして、二一世紀の日本では、二つの世代を通じて蓄積されてきた十分な量の「箱」と技術や知識を、それぞれの人が、自身の生き方を豊かに展開する「場」創りに利用する第三世代の民主化が始まっている。本書の中で述べてきたことを概括するとそういうことになる。

第三世代の民主化が前の二世代と根本的に異なるのは、建築が人の生き方とまともに交差するようになること、そしてそこでの主体は専門家ではなく生活者になるということであろう。したがって、私のように長らく第二世代に身を置いてきた建築の専門家が、第三世代のあり方についてあれこれ語るのは僭越なのだが、私も今を生きる者として、これまでよりもずっと好ましく思える建築の民主化の動きに少しでも関わりたいと思っている。

本章はその私自身の関わりの試みである。ただ、第三世代の民主化は多くの人々が様々な暮らしの「場」を創り上げていく営為の総体であろうから、前の二つの世代のように、専門家が目指すべき状態を指し示す類のものでもなければ、ましてやその目指すべき状態を実現する方法や手段を合目的的に論ずる類のものでもない。だから、私のように第二世代的な専門家根性の抜けきらない者には、関わり方が難しい。

これまで私自身は、第三世代の民主化と呼び得る各地での具体的な人々の活動を見て、多くを学んできた。従来であれば、新しい動きの目的を明確化しそれを達成する方法を論ずることで学びを総括するところだが、それは避けたい。そこで、人々が、既にある「箱」を利用して新しい暮らしの「場」を創り上げる上での「作法」という形で学びを総括することにした。方法は明確な目的を前提とするが、作法は明確な目的を前提とせず、人々の営みそのものの一部として還元できると考えたからである。

前置きがくどくなったが、ここからは第三世代の民主化の作法として一〇項目を取上げ概説しておきたいと思う。

先ず、「既にある「箱」」と言っても、新しい生き方を展開する「場」を創ろうとする多くの人にとって、それがどこにあり、どのような状態や条件で利用できるのか、見当がつきにくいだろう。だから圧倒的な量の空間資源がまちのどこにどういう状態で存在してい

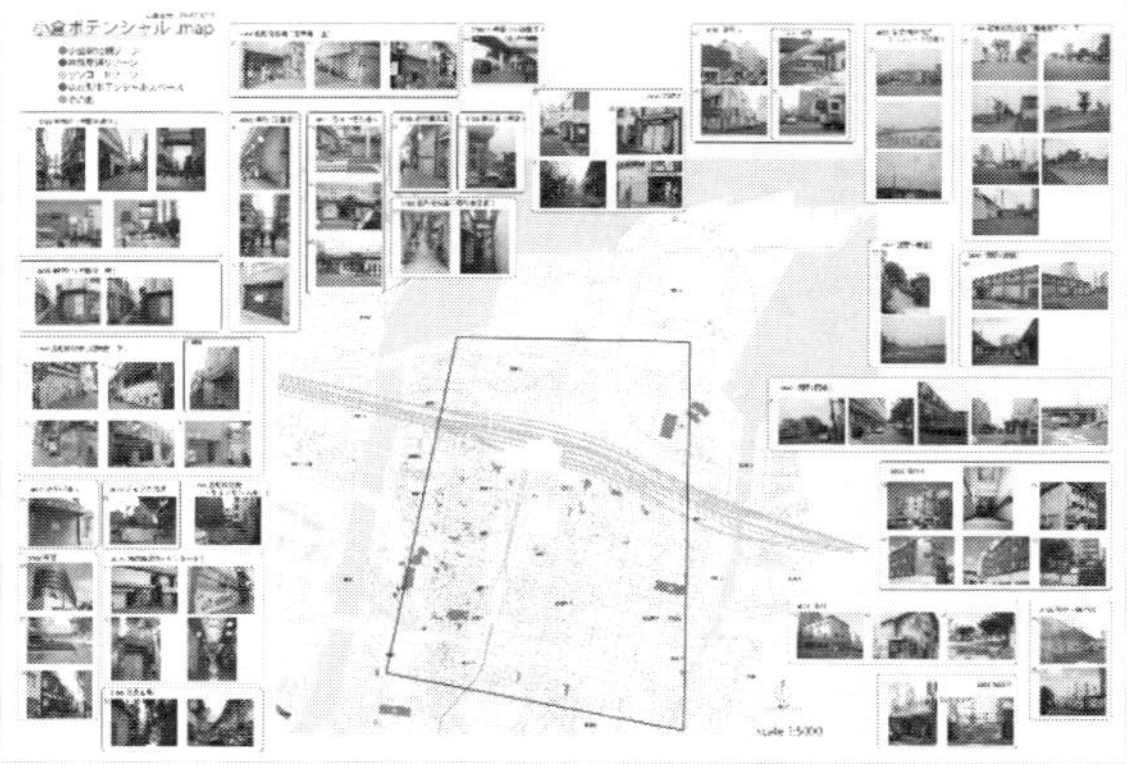

図40　小倉エリアの空間資源地図（北九州家守舎・九州工業大学徳田研究室）

るのかを、多くの人に見えるようにする作法が重要になる。

小倉のエリア・マネジメントを担っていこうと設立された「北九州家守舎」が、この作法の良い手本を教えてくれた。彼らは、かつてまちの中心的な商業地だったが衰退の気配が濃厚になってきていた小倉魚町を中心に、自分たちが無理なく歩いて行ける範囲を対象エリアとして、そこにある空きビル、空き部屋、空き家を可能な限り調べ尽くし、その外観写真とともにまちの地図にプロットした。それらの中には、従来からの不動産市場では流通していないものが多く含まれている。だから、この地図自体、外の人にとってはもちろんのこと、まちの人にとっても、自分たちの利用できる空間資源の発見を促す大事なきっかけになる。

そして地図の背後には、北九州家守舎が調べ上げた築年、前用途、耐震性、設備の位置等々建物の状態を示す情報や、オーナーや賃貸条件等に関する情報が控えている。だから、条件さえ整えばすぐに誰かの「利用の構想」と「箱」を結び付けることが可能である。

また、まちの空間資源を総覧的に可視化したこの地図があれば、まちの人が自分のまち空間の利用法についてあれこれと思いを巡らしたり、意見を交換・共有したり、それを実践に移したりすることが容易になる。

圧倒的な空間資源を可視化する。第三世代の民主化にとって大事な作法の一つである。

†利用の構想力を引き出し組織化する

次に、まちにある空間資源と結び付けるべき人々の「利用の構想力」を引き出し組織化する作法である。

空いていた中学校の校舎をアーツ千代田３３３１というアートセンターに変えてしまったアーティスト中村政人さんの「利用の構想力」については既に述べたが、これを例にとってみよう。

中村さんのように、自らが持つ「利用の構想力」を自発的に発揮できる人はそう多くないだろう。多くの人に「利用の構想力」は備わっているのだが、それが直ちに発揮できる状態でスタンバイしている訳ではない。だから、それをうまく刺激して引き出してくれる人やきっかけがあれば有り難い。中村さんは自治体との間で広い校舎を一気に借り上げる契約を結び、それをアートセンターにしたいという構想を明示して、そこで何らかのアート関係の活動を展開したいという人を募集した。このことで「利用の構想力」が刺激され引き出された人が集まり、今このアートセンターでは、中村さんが想像していなかったような多様な人々の活動が展開され、そこは彩に満ちた暮らしと仕事の「場」になっている。

ここでもう一つ重要なのは、自分だけが利用するのではなく、まだ知り合っていない他の人たちが利用することを想定して、広い校舎を中村さんが一気に借り上げたこと。こういう方式をサブリース方式というが、この中村さんの行為は、適当な空間資源と出会えないでいる人々の「利用の構想力」を組織化することで、空間資源との結び付きの可能性を広げた行為と見做すことができる。

「利用の構想力」の組織化と言えば、ニューヨークSOHO地区の空きビルや空き倉庫等へのアーティストの移住を、一九六〇年代に先導したフルクサスのマチューナスたちの活動も典型的な例の一つだ。彼らは、この地区の空間資源を利用したい、住みたいというアーティストを構成員にした協同組合を結成し、個人では契約の困難な空きビル一棟での契

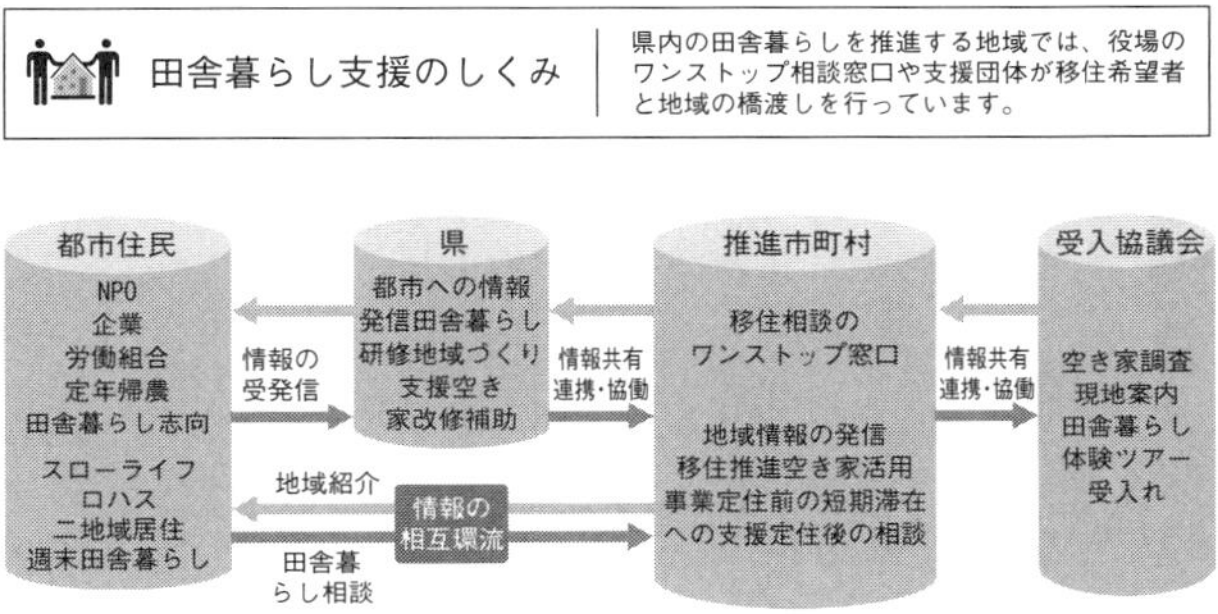

図41　移住受入れの「和歌山方式」（和歌山県の案内パンフレットより）

約を可能にしたと言われている。もちろんこういう協同組合があるということ自体が、多くの人の利用の構想力を刺激し引き出しもしただろう。

もちろん利用の構想力の組織化は、一人では借りられないような大きな空間資源の場合にだけ有効な行為なのではない。まちに分散している比較的小さな空間資源をまとめて、その情報を多くの人に提供することで、人それぞれの構想力をまち空間に集め組織化することもある。大都市等からの移住を受け入れられる空き家を多く持つまちが、移住を考える人向けに、まちや空間資源の情報をネット上で提供している例など、今では多く見られるが、利用の構想力の組織化の好例と言って良いだろう。

と同時に、こういう情報提供は明らかに人々の利用の構想力を引き出すことを目論んで行われている。そして、その背後には利用の構想力を持った人がスムーズにそれを発揮できるような仕組みが用意されている。そうでなければ、「利用の構想力」を実際に空間資源と結び付け、それを新たな暮らしの「場」に変えることには帰結しない。

どんな仕組みが用意されているか。ふるさと回帰センターの嵩さんが、よくできた仕組みとして教えて下さった「和歌山方式」の例を引いておこう。

これは官民一体となった取組みで、県下の各自治体に設けられた移住の窓口には「ワンストップパーソン」と呼ばれる担当者がいて、移住希望者の相談、空き家探し、移住までを一手に引き受ける。これに対応する形で、民間側には「受入協議会」が設けられていて、移住者をサポートする。この仕組みでは、その人が住めるかどうか面接して、大丈夫だと思ったら物件を紹介することになっているが、賃貸契約の標準的な雛形が用意されていて、これを用いた仲介を協力員と呼ばれる宅建業者に委嘱する形がとられているということだ。

暮らしと仕事の「場」をより豊かなものにするために、人々の利用の構想力を引き出し組織化することには、従来の不動産流通やそれに関わるファイナンスだけでない様々な創意工夫を加える余地がある。

†場の設えを情報共有する

住み手自身が住戸の内装に手を加えられる新しい賃貸の方式、「カスタマイズ賃貸」や「オーダーメイド賃貸」の出現については、メゾン青樹の例を挙げて紹介した。それらは、従前の賃貸借契約の定番項目だった旧状復帰義務――内装等に手を加えたとしても出ていく際には借りた時の状態に戻す賃借人の義務――に関する項目を省くことで、住み手の中に潜在していた「自分でやりたい」需要を顕在化させた。これも利用の構想力を引き出し組織化した巧妙な仕掛けだったと言える。

ところで、こうしたセルフリノベーションの世界では、各々のセルフリノベーションの楽し気なプロセスや、それぞれに工夫された場の設えが、SNS等を通じて発信され、自分もやってみよう、利用の構想力を発揮してみようという人々に情報共有されていることが、その普及に拍車をかけているようだ。

このことは過疎の農山村等への移住にも当てはまる。移住した人たちは、借りた或いは買った空き家にどんな設えをして、どんな物をどんな人たちと食べたり飲んだりして、日々どんな活動をしているかについて発信し、多くの人が情報共有できるようになっている。「そうか、あんなふうに設えれば良いのだ」とか「暮らしはこんな感じになるんだ」ということを具体的にイメージできるこうした情報共有は、利用の構想力による「場」創りを志向してはいるけれど、色々と見通せないことがあって躊躇している人の背中を押す。

第二世代の民主化で、建築の専門家が自らの専権事項のように語り扱ってきた「空間」という砦を開こうとしたアレグザンダーの「パタン・ランゲージ」が注目されたが、これが今、「場」創りにおける情報共有、集合知の形成に活用されているという話を聞いた。アレグザンダーが耳にしたら我が意を得たりと膝を打つことだろう。

それは石川県の「社会福祉法人佛子園」の話。理事長の雄谷良成さんを初め職員はみな福祉のプロだが建築については素人だ。ところが、その彼らが、小さな集落の廃寺を、大人から子供まで出入りの絶えない「ごちゃまぜ型」拠点にリノベーションしたのである。もちろん建築工事にはプロが関わっているが、リノベーションの構想は彼らのものである。高齢者福祉、町の人の集えるレストランと温泉、障害を持つ人の就労支援等の空間を、隔てなく混在させるそのごちゃまぜ振りが魅力なのだが、こんなごちゃまぜ空間は運営者でない建築のプロにはなかなか生み出せないだろう。家具の置き方や座れる場所の作り方、外との関係のつくり方等の細かな空間の設えも、彼らが話し合い、改良しながら作り込んでいる。

そして、「パタン・ランゲージ」は、この経験の後に集落風の「シェア金沢」という拠点を新築した時の意見集約の方法として使われた。リノベーションの折に空間利用のあり方を構想する習慣が身についた職員たちは、あるべき空間の設えを構想し建築設計者に伝えるために、全員でアレグザンダーの『パタン・ランゲージ』を読み、それぞれの気に入ったパタンを抽出するという方法をとったのだ。「パタン・ランゲージ」は、建築を人々に対して開くために考えられた「言語」として、いまだに革新的なものだと思うが、建築界では語られる機会が少なくなっていた。それをリノベーションで目覚めた建築の素人が、アレグザンダーの期待したであろうように「言語」として使い切っているのだ。

場の設えを情報共有することは、利用の構想力の空間資源への実装にとって大切な作法だが、第二世代の民主化の成果が素直に使われているのはとても微笑ましく愉快である。

†行動する仲間をつくる

第三世代の民主化はまだ始まったばかり。だから、未知の可能性がいくらでもある。その可能性の展開にとって、新しい生き方の「場」創りを始めた人や始めようとしている人同士が出会い、刺激を与え合うことが大切だ。作法として言い換えれば、行動する仲間をつくることである。

私自身は、建築界のあり方を変えようという人の集まりとして、建築家の松永安光さん、山本想太郎さん、現代版家守の主唱者清水義次さん、名古屋の実業家長屋博さん等と一緒に、「HEAD研究会」(Home & Environment Advanced Design)を二〇〇八年に立ち上げた。二〇一〇年には、建築家の新堀学さん、リノベーションによる「場」創りの先駆者である大島芳彦さんや馬場正尊（Open A）さん等にも参加してもらい、この研究会の中にリノベーションTF（Task Force）を設置、大阪で初のリノベーションシンポジウムを開催した。続く鹿児島でのシンポジウムも含めて、この間のHEAD研究会のイベントで、当時まだ売り出し中のコミュニティデザイナー山崎亮さん、北九州で家守業を始めた嶋田洋平さん、リノベーション界を不動産ビジネスと結び付けるマーケッターの島原万丈さん、矢部智仁さん、まちづくり界の革命児木下斉さん、リノベーションを新しいビジネスに仕立て上げつつあった内山博文さんたちとも知己を得た。

予想以上の盛り上がりを見せたリノベーションシンポジウムの熱冷めやらぬ二〇一一年、リノベーションによる「場」創りは建築だけではうまくいかないし、不動産だけでどうなるわけでもない、新しいリノベーションの担い手の育成が必要だということで盛り上がり、北九州で第一回のリノベーションスクールを開催した。九州工業大学の徳田光弘さん、北九州がふるさとの嶋田さんが張り切ってくれて、大島さん、馬場さん、竹内昌義（みかんぐみ共同主宰）さん、内山さん、島原さんたちも四日間のコースに熱心に付き合って下さった。

リノベーションスクールの面白いところは二つ。一つ目は、実際の空き家や空きビルを対象とした四日間のリノベーション事業企画演習の成果が、具体化する可能性を十分に持っている点。北九州ではこれまで計九回のスクールが開催されたが、事業化したものが既に一五件に達している。

二つ目は、全国各地でリノベーションによる新しい「場」創りに取組む様々な出自、様々な年齢、職業の人が集う点である。今や八〇件ほどの空き家に新たなスモールビジネスが埋め込まれたという長野市門前町で活動する倉石智典さん、広瀬毅さん、宮本圭さんとも、また熱海で積極的にリノベーションを展開する「atamista」の市来広一郎さんともスクールで出会った。そのようにして、各地で同様の問題に取組む人たちのネットワーク、いわばリノベーションによる「場」創りの実

図42　北九州リノベーションスクールの１コマ。上は座学、下は演習の様子（写真提供：HEAD 研究会）

践者ネットワークが出来ていくのである。このネットワークが各地でのリノベーションスクールの企画・開催に結び付き、昨年は全国三〇カ所ほどで開催されたようである（現在はＨＥＡＤ研究会の手を離れ、スクール事業を専門に行うリノベリングが運営している）。高々五年の間の驚くべき展開に、リノベーションによる「場」創りに対する関心の急速で広範な拡がり、高まりを感じずにはいられない。

ここで留意してほしいのは、リノベーションスクールに集うのは、指導者も聴講生も必ずしも建築系の人ではないということだ。むしろ建築系出身でない人が多い。何故なのか。リノベーションによる「場」創りの核になる構想自体は、多くの場合建築空間的なものではなく、まちでの暮らしやしごとについてのそれだからである。生活者としてのイメージの膨らみや、事業としてのリアリティに対する感性がなければ、リノベーションによる「場」創りの構想は面白くもならないし、実現可能性も高まらない。しかも、新築とは違って、手掛かりになる建物は既にある。建築の専門家でなくても、いくらでも取掛りが見つけられるのである。

建築の閉じた世界だけなら改めて「行動する仲間をつくる」というのは大げさだが、空間資源を利用した新しい生き方の「場」創りにおいては、これまで会ったことのない、話したことのない別世界の人たち、しかも全国の方々と出会い、交流し、仲間になることは大いに意義がある。リノベーションスクールの経験から私が学んだことである。

†まち空間の持続的経営を考える

建築界の人は、私がその典型だが、自分たちが建物のこういう側面のことをこれだけ大事だと思って一所懸命考えていますということを言いたがる。そして、一般の人がそのことをわかってくれていないと不満に思っていることが多い。建物の耐震性を専門にしている人は、先ずもって耐震性の良し悪しで建物を見てほしいと思っていることが多いし、建物の省エネ性やゼロエネルギー化を専門にしている人は、建物の断熱性等にもっと関心を持ってほしいと思っている。建築意匠を専門にしている人は、一般の人の好みに従って造られた建物の外観を見て、もう少し優れたケンチクに触れてセンスを良くしてほしいと思っているかもしれない。まあ、あることに専門家として取組んでいる人たちが、そういう感覚でいるのはある程度自然なことではある。ただ、我田引水、少し上から目線で差し出がましい。

ある時、不動産業界が使っているマンション価格査定マニュアルの内容を建築界の仲間と眺めていた時、立地や周辺環境に関わる評価項目が多いのに、建物の内容に関する項目が、タイル貼りかそうでないかだけなのを知って、一同憤慨した。「これだから世の中のマンションは良くならないのだ」と。しかし、これから長く住むであろうマンションを選ぶのに、立地や周辺環境がより重要だと思う一般の人の感覚は自然なものだし、そのことをとやかく言う私たちの感覚は相当にずれている。人の生き方と交差してこなかったことの表れだとも言える。マンションの立地や周辺環境は、その後の人の生き方に大きく影響するだろうが、建物の仕上げがタイル貼りかどうかは、どう贔屓目に見ても、人の生き方に左程影響を及ぼさないのが一般的だと思う。

私たちはある建物の中だけで生きているのではなく、まち空間で生きている。ここまで「箱」とか「空間資源」とか言ってきたので、建物の中での「場」創りだけを念頭に置いているかのように読めたかもしれないが、「箱」が、そしてそこでの人々の営みが集まり全体を織り成すまち空間こそが、新しい生き方の「場」になることは言うまでもない。ある建物の中だけが見事な「場」に仕立て上げられても、そのまちがどうにもくすんだままでは、楽しく豊かな暮らしなど望むべくもない。そのことに対して意識的になるために、最近では私のまわりでも敢えて「リノベーションまちづくり」という言葉を使っている人が増えている。

このことに関して、リノベーション界の先駆者たちは、一様にまち空間の持続的経営の重要性を指摘している。一軒の空き家がリノベーションされ誰かさんの新しい暮らしの

図43　まちの人に開かれたリノベーションスクール最終講評会（写真提供：HEAD 研究会）

「場」になるだけでは、私たちが生きるまち空間はそう大きく変わらない。また、古びてきた「箱」を何軒か集めて一気に取壊し、一軒の大きな建物を新築する再開発では瞬間風速は大きいが、その後は無風状態が続くことになる。これでは、時代の変化に反応しながらまち空間が持続的に生き生きとした「場」であり続けることはできない。だから、個々には小さなリノベーションによる「場」創りが、まち空間の中で徐々にしかも継続的にぽつぽつと実行され、時間とともに積み重なっていくような状態こそが望ましい。多くの人がそう考え始めている。その思いを「リノベーションまちづくり」という言葉に託そうとしている。生きることが結果ではなくプロセスであるように、新しい生き方の「場」創りも止まることのないプロセスなのである。

こういう認識に立てば、まち空間の中で、空間資源をリノベーションして新しい暮らしや仕事の「場」を創る行為が、一軒だけで終わらず、その後も継続するように仕掛けることが大切になる。

リノベーションスクールでは、演習の題材となる空き家や空きビルを集めるために、複数の建物オーナーに事前に折衝し、その意義を理解してもらうとともに、最終日のグループ演習の成果発表会には、そうしたオーナーたちを招き、意見交換もしているし、まちで暮らす人々には完全に開いた形をとっている。これを機会に建物オーナーたちが、自分の空き家や空きビルを新しい利用の構想力に委ねてみようと決意すれば、まち空間の持続的経営に繋がっていく。私も含めてリノベーションスクール関係者はそう考えている。

昔テレビの中から、大原麗子がハスキーな声でこう語りかけていた。「少し愛して長く愛して」。これはまち空間にも当てはまる。

†アレとコレ、コレとソレを結ぶ

個々の空間資源を利用した「場」創りが、まち空間で積み重なっていく姿を思い描く時、複数の「場」やそこでの活動が互いに柔らかく結ばれてまち空間に広がっていくのが面白いし、望ましいように思える。感覚的には、気楽にアレとコレ、コレとソレを結ぶという表現が似つかわしい。

アレとコレ、コレとソレが結ばれてまち空間が変わり始めた例として、私が強く惹かれているのは長野市門前町である。

今、善光寺の門前町では、古い空き家や空きビルに、次々と新しい店や仕事場が入ってきている。地元で演劇関係の仕事や編集デザイン等を手掛けていた小さな組織ナノグラフィカが、善光寺の門前町周辺で古い建物に引越し住み始めた人々の生活をヴィジュアルに紹介する『長野　門前暮らしのすすめ』という冊子をつくり、それとほぼ同時期に、奥行きが五〇メートルもある築一〇〇年程の空き工場建屋を、異なる業種の店や事務所を営む人たちで組織したLLP（有限事業責任組合）が借り上げ、新しい生活を始めた。

ナノグラフィカのリーダー、増沢珠美さん自身、まさに門前暮らし、築一〇〇年ほどの町屋でカフェと企画・編集の事務所を営みつつ、同時に家族とそこに住んでいる。元々は、まちの風景の一部だった町屋が相次いで壊され始め、自分たちの風景でもあったのだから、せめて取壊す前にまちの人に中を見せてほしいと要望し、取壊し前の古い町屋の内部を見ているうちに、「あれ、これってまだ使えるのに」という思いに駆られ、ついには自分が暮らすようになったのだという。そして、この門前暮らしの豊かさを伝えたいという

図44　冊子『長野　門前暮らしのすすめ』（写真提供：MY ROOM）

思いで先の冊子を作った。この冊子は長野市内のカフェ等に置いてあり、観光でこのまちを訪れた人が手に取り、中には「へえ、こんな暮らしができるんだ」と思う人が出てくるという塩梅だ。しかし、これだけでは、その人たちがここに移住し門前暮らしを始めるのは難しい。

一方、同じまちで空き工場建屋を借り上げ使い始めたＬＬＰは、宅建業兼建設業を営む倉石さんと二つの建築設計事務所等が中心になって結成された。彼らはこれを一つのモデルとして示すことで、このまちにたくさんある空き家、空きビルといった空間資源を利用して、新しい暮らしや仕事を始める人がどんどん出てくることを望んでいた。

そして、「長野・門前暮らしのすすめ」の増沢さんたちの活動と、倉石さんたちの活動が柔らかく結ばれ始める。不動産流通を業とする倉石さんが、オーナーが貸しても良いと決断した空き家や空きビルを日々探し出し、「利用の構想力」を持ち、このまちへの移住を考えている全国各地の人を定期的に集め、空き家見学会を実施したのである。もちろんナノグラフィカも一枚かんでいる。

こうしてアレとコレが柔らかく結ばれることで、「門前暮らし」という生き方に刺激を受けた人々が、各地から次々とこの門前町に移住し、少子高齢化が進むに任されていたまちはより豊かな暮らしと仕事の「場」に姿を変えつつある。この五年間に八〇もの新しいスモールビジネスがまちに埋め込まれてきた。そして、同じ機会を通じて新しい暮らしや仕事の「場」を創ったそれらの人とその活動同士が「アレとコレ、コレとソレ」という具合に柔らかに結ばれ、まち空間を変えつつある。その状態はとても刺激的だ。

今や全国ブランドになった「R不動産」グループの創業の地、東京の日本橋周辺で起こったこともこれにとても似ている。

元々自分の事務所のために、都心の便利な場所で安価に借りられる空間資源を探していた馬場さんが、空きビルや空き倉庫等が多いにもかかわらず、全く不動産流通市場に出ていなかったこのまちで、地道に建物オーナーと折衝して、二階建ての小さな空き倉庫を借り、そこを拠点として活動を始めたのが、事の始まりだった。

利用の構想力を刺激するような空間資源なのに、不動産流通市場に出ていないこのまちの空きビルの佇まいを紹介するブログを始めたところ、アクセス数が急増。「私もそんなビルに住みたいのですが」とか「僕もそんな倉庫を活動の拠点にしたいのだけど」という問い合わせが相次いだ。

図45　東京Ｒ不動産のトップページ（写真提供：東京Ｒ不動産）

この状況を見て新しいビジネスになるという、不動産流通に通じた友人たちと立ち上げたのが、ネット上でこのまちの空間資源と利用の構想力を刺激された人たちが結ばれる新しい不動産流通の仕組み、「東京Ｒ不動産」である。ここでは長野の例と同じように、アレとコレが結ばれ、それを媒介にコレとソレが結ばれ、かつて問屋のバックオフィスが多く軒を連ねたまち空間が、それらと全く無縁だった若い人たちの新しい暮らしと仕事によって生き生きと姿を変えていった。

これも刺激的な例である。

第三世代の民主化の時代、そこでは新たに建物を造ることから、既にある空間資源を利用して暮らしや仕事の「場」を創ることに重心が移る。主役は生活者である。とすると、私のように建築を専門としてきた者は、自身の役割をどのように自覚すれば良いのだろうか。建築界が職能と呼んできたものが大きく見直しを迫られるだろうことは、多くの人の感じているところだと思うが、見直し、転換の先が見通せない。ただ、第二世代の民主化、脱近代の時代に現れた言説の中には、今だからこそ政治的な意図等とは無縁に援用できるものが多くあり、それを手掛かりに少しでも見通しを良くすることができると、私は考えている。

先ずは「あなたには《普通》はデザインできない」として、居住環境形成をサポートとインフィルという二つに分けて考えようとしたハブラーケン。彼は、住まいは行為であるから建築家がデザインできたりするものではないとした。その上で、建築家は庭師のような役割を担うべきだと結論付けている。庭師は、樹木そのものをつくることはできないが、樹木がよく育つ環境を整えることはできる。同じように、建築家は住まいをつくることはできないが、住まいがよく育つ環境を整えることはできるというのである。「庭師を目指す」。これは第三世代の民主化において重要な作法になり得る。

では、空間資源を利用した「場」創りがよりよく育つのに、どのような環境をどう整えることが有効なのだろうか。

一つ目は、利用する空間資源の改良の必要性の判断やその方法自体の提供という一連の行為があるだろう。各種の建物診断と劣化部分の補修、効果的な耐震補強法や環境性能改善法等々は、ある程度生活者に委ねられる部分もありはするが、やはり専門的な知識を必要とする。庭師で言えば、樹木の病気を特定し、肥料や薬品を適切に用いつつ治療する行為にあたる。工事段階においても、すべてが生活者のDIYでできる訳ではなく、専門的な技能は必要とされる。ただ、新築の場合と違って、それぞれに小さな仕事のまとまりにしかならないことが多いため、設計も工事も一人で各種の判断や実行ができる多能工化が望ましいのは確かなところだろう。

二つ目は、かつて『ホール・アース・カタログ』が鮮やかにやって見せたような、既存の技術や知識の収集と編集である。今の時代、紙媒体である必要はないが、生活者にうまく選別できない膨大な技術や知識のストックを、効果的に選別して見せることは、庭師の土壌改良に相当する行為になるものと思われる。

三つ目は、ターナーが第三世界のハウジングに関して構想していた、材料や技術だけでなくファイナンスや政策も含めたオープンシステムのように、生活者が「場」創りの際に使いやすい材料、技術、ファイナンス、政策をまとめてデリバリーする行為。庭師の適切な養分補給や散水に相当する行為であろう。

四つ目は、アレグザンダーの「パタン・ランゲージ」のように、設える空間の内容に関するある種の言語体系の提供である。さて、これは庭師のどの仕事にあたるだろうか。

もちろんここに挙げたのは、本書で取上げた言説に触発されて考えた建築専門家の新たな役割の一例にすぎない。「庭師を目指す」という作法さえわきまえていれば、第三世代の民主化の展開の中で様々な役割が発想され生まれることになるだろう。

†建築を卒業する

第一世代の民主化について、本書ではプロトタイプとその量産を主に取り上げたが、もう一つ、今日に決定的な影響を及ぼす取組みがあった。建築分野での大量の人材育成である。

明治維新後の近代化推進の中で、西洋式の建築を取入れようとした明治政府が工部大学校に造家学科（現在の東京大学工学部建築学科）を設立したのが一八七七年。一八七九年には第一回の卒業生を輩出している。東京駅や日本銀行の設計者として今も広く知られる辰野金吾、そして片山東熊、曽禰達蔵、佐立七次郎のたった四名だった。ところが、今日建築教育を実施している大学の学科数は一〇〇を超え、毎年の卒業生の数は一万人を優に超えている。それらの多くが各地で「箱の産業」のメンバーとして頑張ってきたのだ。一九五〇年にできた建築士法に基づく建築士の登録者数は、二〇一五年九月末時点で、一級建築士三六万人、二級建築士七五万人、木造建築士一・七万人にも上っている。ただし、この数には既に鬼籍に入った人も含まれてはいる。

一般の人にとってはあまり気にならないだろう建築専門家の新たな役割について、どうしても考えたくなるのはこうした事情による。第三世代の民主化が展開する中で、一体これだけ多くの建築専門家は何をするのだろうか。少なくとも相当に心構えを変える必要が出てくることは間違いない。

このことに関連して、最近少々驚く経験をした。ある県の建築士会の年次総会の場に講演者として招かれた時のことである。私の講演の前か後かは覚えていないが、会場に集まった三〇〇名程の建築士全員で、建築士会の綱領を確認し、「建築士の歌」を大合唱したのだ。私も一級建築士だが、建築士会に属していなかったので初めての経験だった。驚いたのは綱領の文言と歌詞の時代がかった内容である。両方とも一九五五年につくられたものなので、古めかしいのは致し方ないし、校歌のようなものだから現代の建築士も特にその意味を云々せずに諳んじられるのかもしれないが、初めての私には衝撃の内容だった。

次のようなものである。

「建築士会の綱領（一九五五年）。1　われらの建築は人類の幸福のため最良の芸術たるべし。2　われわれ建築士は社会の発展のため最新の指導者たるべし。3　わが建築士会は会員の向上のため最善の団結たるべし」

ここでは、建築が芸術だと明言している点、そして建築士は社会の指導者であるべきと鼓舞している点に、一九五五年という時代を感じた。提案競技で一等に選ばれた井上一三氏による「建築士の歌」の歌詞の方は以下のようである。

「1　晴れ渡る世紀の空に槌音は冴えてとどろく。この力更に加えて同胞《ハラカラ》の幸を護らん。おおわれらわれら建築士。2　日に進む時代を越えて新たなる文化つちかう。この理想高くかざして悠久の平和築かん。おおわれらわれら建築士。3　巣立ちゆく若き日本に建設の使命果てなし。この技術共に磨きて明日への飛躍誓わん。おおわれらわれら建築士」

今日の日本の状況とは整合しない内容だが、目指すは同胞の幸、悠久の平和、そして日本の建設だという初心忘るべからずということか。

現代の建築士にもこの心構えが通じているのだとしたら、その状態は第三世代の民主化の時代には変えねばならない。最早対象は建築という芸術ではない、ある意味で芸術と呼べるかもしれないが、新たな「場」で展開される人の生き方、活動の総体が対象である。

私たちは指導者ではない。人の生き方に対応した「場」創りにおいては庭師のような関わり方になる。目指すのは同胞の幸に限らない。人の国籍は問わない。悠久の平和は大事だが、日本では戦後的な建設の使命は終わっている。

二〇一三年に『建築―新しい仕事のかたち　箱の産業から場の産業へ』を出版した後、リノベーションまちづくりの世界で先駆的な活動をされてきた一五人の方々と意見交換会を行った（その様子は拙著『場の産業　実践論』二〇一四年にまとめている）。そこで、リノベーションやリノベーションまちづくりの分野で活躍する人材を念頭に置いた時、従来の建築教育はどうなのかと問うてみた。ともかくも一つ専門を持つことは重要だが、そこから他の分野のことにも通じようとする、いわば「マルチリンガル」な人材でないと活躍できないという意見に得心がいった。そして、旧来型の建築に焦点を当てた教育のままではどうにもならないだろうという認識は共通していた。

建築には様々な蓄積もあり、文化的な厚みもあるから、十分に知的な刺激を受けつつ学べる優れた対象である。しかし、その歴史的な蓄積の中に見出せる専門家像は今や色褪せ、古色そのものである。だから、建築を修めた後は、これからの「場」創りの主役たる生活者に一旦戻り、自ら人の生き方についての思考や実践の場に身を置いてみるのが望ましいと、私は考えている。一旦建築を卒業する。私の考えるもう一つの作法である。

†まちに暮らしと仕事の未来を埋め込む

これまでの建築界のあり方が、第三世代の民主化の時代に合わないことの明確な証拠を一つ挙げておこう。それは建築の専門家が当たり前のように見てきた建築写真である。一般にそれは引き渡し前に、つまりそこでの人の暮らしや仕事が始まる前に、場合によってはそのにおいを感じさせる家具等を一旦どけて撮影されたものである。人の生き方と交差してこなかった建築のあり様を象徴する事実である。実際、コルビュジェの代表作サヴォア邸のように殆ど人が暮らしたことのないまま世界遺産の候補になるような建築もあるし、人が暮らすも何も図面だけで「アンビルド」のまま有名になった建築も少なくないのだから、こういう建築写真のあり方も全く違和感のないものだった。

しかし、既にある空間資源に生活者の「利用の構想力」を結び付けて「場」を創る時代にあっては、そのような建築写真はおよそ意味をなさない。今風に言えば、問題はハードウエアではなく、そこに埋め込むコンテンツだからである。もちろん、「利用の構想力」を刺激するために躯体だけの裸の空間資源を写す写真は意味を持つが、他の場合、コンテンツを写していない写真では肝心なところが全く伝わらない。

第三世代の民主化の時代を象徴する写真の例を一つ挙げておこう。これは築後五〇年を

図46　たまむすびテラスの暮らし（写真提供：リビタ）

経て空き家になっていた、かつての中層の公団住宅五棟を、三事業者がリノベーションした「たまむすびテラス」の写真である。この五棟は、一九五五年に設立された第一世代の民主化の雄、日本住宅公団の大規模開発団地の走り「多摩平団地」の一画にある。他のすべての住棟が建替えられた中、色々な事情から少し奥まった場所にあったこの五棟だけが取り残される形になっていた。住宅公団の後継組織であるUR都市機構は、この五棟をサブリース方式で借り上げ新たな事業を行う事業者を募集した。それに応じ要件を満たしたのが、この三事業者だったのである。

三事業者はそれぞれ、二棟、一棟、二棟を借り上げ、全く新たに、若者向けのシェアハウス、カップル向け菜園付き住宅、サービス付き高齢者向け住宅の賃貸事業を開始した。築五〇年の建物には外部塗装を初め、それぞれに手をかけてはいるが、人のいないその写真を見ても「前よりはきれいになったね」くらいのものので、この事業の本質は伝わらない。だから、事業者の方に写真借用のお願いをしたら、ここに取り上げたような写真を送ってこられたのだ。ここには、古いハードウエア（箱）に新たに埋め込まれたコンテンツ（人々の暮らし）が写し出されている。

この例のように、多くの人の「利用の構想力」を刺激し組織化するタイプの「場」創りにおいては、その仕掛けをした人や事業者が、特に初期においてコンテンツの充実、つまり暮らしの「場」としての豊かな展開の可能性を引き出すよう運営に注力することが求められる。この団地再生の例においても、例えばシェア居住の「場」を用意した二棟の事業者のケースでは、自ら望んだ社員が一人の居住者になり、シェアハウス特有の日常的で気楽な集まりを誘導したり、数十年前公団住宅だった頃にこの住棟に住んでいたOB住民を招待して、新住民との交流会を開いたり、或いは他の事業者による三棟の居住者たちと季節ごとに集い交流するイベントを他の事業者や住民と一緒に企画・準備したりと、コンテンツの可能性を広げる活動を継続してきた。ハードウエアは変わらないが、コンテンツはより楽しく豊かに変わり続けている。建築写真では写し出せない事柄だ。

これまでに何度か取り上げたアーツ千代田３３３１の場合は、もっと明確だ。プロジェクトを立ち上げたアーティストの中村さんは、現代版家守の主唱者でもある清水義次さんとともに、このアートセンターの運営会社「コマンドA」を設立し、一階の広いイベントスペースでのアート展や様々なライブの企画・開催、またテナントとしてこの「場」に参加している人々や、かつて中学校だった時代の地元の卒業生を交えた交流イベント等も頻繁に行っている。先述したように二〇一三年には年間に八〇万人が訪れる「場」になったのだが、築三〇年ほどの校舎をリノベーションし、テナント付けを行っただけでは、これほどの「場」にはならなかっただろうし、下手をすると「場」の継続自体が危ぶまれたかもしれない。やはりコンテンツを楽しく豊かに変え続ける営為が「場」を創り上げているのだ。

少し手を加えればまだまだ利用できる空間資源を、新しい暮らしと仕事の「場」に仕立て上げる活動は、止まることのないプロセスである。そして、建築の専門家も、ハードウエアではなくコンテンツを豊かにする活動に参加できるかどうかが問われる時代になっている。その活動の意義を確認するために作法として一言にまとめると、次のようになる。「まちに暮らしと仕事の未来を埋め込む」。ここでいう「未来」は継続するプロセスを含意している。

†仕組みに抗い豊かな生を取り戻す

さて、いよいよ最終節である。これまで述べてきたようなことを人前で話していると、しばしば次のような質問を受ける。

「松村さんの話はわかったけど、紹介された事例はすべて、創意に溢れたかなり能力の高いキープレイヤーがいるケースじゃないですか？　皆が彼らのようにはなれる訳でもないし、各地にそういう有能な人がいる訳でもないでしょう。だから、そうした先駆例から成功の要素のようなものを抽出して、何かシステムというか仕組みにしないと、市場は広がっていきませんよね？」

私の話が不十分なものだったことの表れだが、残念ながらわかっていないとしか言いようがない。空間資源は固有の立地、固有の歴史、固有の建物属性、固有のオーナーを持った、個性豊かなものである。まち空間もそうだ。そして、そこに埋め込まれるのは人の生き方、その未来である。ステレオタイプでもなく、類型化もできない生き方、そして予知不能な未来のプロセスを、個性豊かなまち空間の空間資源に埋め込もうというのに、第二世代の民主化の時代のようにシステムだの仕組みだのにできるとは、到底思えない。また、仮にそうできたとしても、そうした途端に第三世代の民主化は後退し、その意義は薄れるだろう。だから、本書でも第4章、第5章では具体例のエピソードに関する記述が主になり、精一杯のところで「作法」としてまとめるにとどまってきた。

仕組みを最終成果の形だと思っている人は、彼自身が進んで仕組みの一部になろうとしているように見える。それでは、自由自在に編集できるだけの建物、技術、知識のストックがある時代にあって、それらを自分の好きに使いこなして自らの生き方を展開することはできない。そこで、折角の第三世代の民主化を豊かに展開するために次の作法を用意した。

「仕組みに抗い豊かな生を取り戻す」

言葉はやや好戦的な響きだが、それは私の日本語のセンスが古いせいい。例えば、第2章で取り上げたイームズ邸の話を思い出して頂きたい。テーマは「システムからの自由」。市場で入手できる非住宅建物用の工業材料を、自在に選択し、組み合せ、実に軽やかに自らの住まいを創ったイームズの"Unselfconsciousness"。私のイメージはあれである。イームズは既成の仕組みに抗っていた。そして、豊かな生を取り戻していた。私にはそう思えるのだ。

第二世代の人間なので中庸になるのは致し方ないのだが、私自身の活動のあり方も敢えて変えつつある。建築の専門家だけで集まる研究会に慣れ親しんできたが、そうでない方々とも混ざり合って第三世代の民主化に勢いを付けようという集まり「HEAD研究会」なるものを二〇〇八年に立ち上げた。第4章や第5章で紹介した先駆者たちの多くも今ではこの研究会の仲間だ。ケンチクという仕組みに抗おうという訳だ。そして、二〇一五年に立ち上げた「リノベーションまちづくり学会」。研究者だけで集まる学会ではなく、研究者とか建築家とかいった仕組みに則った肩書と関係なく、リノベーションまちづくりに関心を持つ多様な人々が国境を越えて集まり、ある種の集合知を形成する「場」を用意できればと考えている。実践例を集めそれを類型化するような作業を通じて、合目的的な方法を得ようという従前の研究の仕組みに抗い、何か別の「集合知」のあり様を見つけようとしている最中だ。

ところで、「仕組みに抗う」などと言うと、一九六〇年代から一九七〇年代にかけてアメリカで起こったヒッピー・ムーヴメント、そしてその一例としてのドロップ・シティを連想してしまうかもしれない。そして第2章で触れたように、「集合知」の世界でも注目されてきたアレグザンダーは、こうしたムーヴメントの中でのフラー・ドーム等によるセルフビルダーを、「彼らは個々の建物にしか責任がなく、社会全体として、それがうまくいくように努力する気は全く持っていない」と批判していた。確かに、個人が仕組みに抗って思い思いに「利用の構想力」を発揮したら、アレグザンダーが批判したようなある種の無秩序状態に陥る恐れがないでもない。だからこそ、本書でも何度となくまち空間の重要性に言及してきた。そして、私自身は、「箱の産業」の時代の第一や第二世代の民主化と、第三世代の民主化の「場」創りの間には、もう一つ大きな違いがあると考えている。「箱の産業」の時代の民主化の本質に近いところには、近代的な個の確立への志向があり、個人による所有や個人による好みの違い、そして個の最小の集まりとしての核家族といった事柄を受け止めるものとして「箱」があった。しかし、個に対応する空間や制度が行き渡り、うっかりすると個が「孤」に陥るような環境下にある今日の人々にとって、最早近代的な個の確立など志向する対象にはなり得ない。そこに民主化の本質はない。むしろ、今日様々な分野で言われているように、公空間と私空間の間に位置する共空間（コモン）とそれに対応する人間同士の関係（コミュニティ）を、それぞれの人がいかに創造的に生み出せるかが、民主化の核心に位置する問題になると思われる。そしてここには、空間の問題を扱ってきた建築専門家の転身の上での役割が見出せるようにも思える。

追求すべき民主化のレベルは上がっている。そして、それを担う人々の意識やポテンシャルも高まっている。そこにおいて価値ある役割を担いたいと考えるならば、先ずはまち空間で自ら生き生きと暮らすことから始めるべきだろう。

最後に、そうした第三世代の民主化に呼応する「仕事」という活動のあり方を考える上で示唆に富む、イギリス人ジェイムズ・ロバートソンの『未来の仕事』（小池和子訳、勁草書房、一九八八年）の内容を紹介して本書を結ぶことにしたい。

彼の時代変化の読みを一言で言えば、「雇用から〈自身の仕事〉へ」ということになる。本書の文脈との関係において重要なのは、"Own Work"〈自身の仕事〉という概念である。〈自身の仕事〉とは「自分自身とおたがいに、有用なモノとサービスを供するために、自分自身の宰領で働く方法」のことであり、それはこれからの人々の活動についての彼自身の次のような認識に基づいている。即ち、「地域、近隣、世帯において、有用な活動が相当量拡大するという予想が、最も重要な意味を持つ」、そして「私たちはいまや、雇用が、当事者すべてが受容できる条件で種々の仕事を組織するには、ますます困難な方法となりつつある経済的、社会的段階に到達してしまったのかもしれないのだ」という認識である。

図47　『未来の仕事』

自らのまち空間で、仕組みに抗い豊かな生を取り戻そうとする人にとって、一九八〇年代初頭のこのイギリス人の提示した〈自身の仕事〉という概念は、きっと希望を耕す鍬になってくれるだろう。

ケンチクとタテモノの間で迷っていた私も、本書を書き上げて漸くケンチクからもタテモノからも卒業できそうだ。

参考文献

（ここでは、本文中に書名等が出てこないものを記載している。なお括弧内は該当する本書の章を示している）

1 松村秀一「住まいの民主化の七〇年、そして」、『ハウジングトリビューン』五〇〇巻一七号、創樹社、二〇一五年（序章、第3章）

2 Robert Irving, Richard Apperly, Miles Lewis et al, *The History & Design of the Australian House*, Melbourne Oxford University Press, 1985（第1章）

3 Alan Ogg, *Architecture in Steel*, The Royal Australian Institute of Architecture, 1987（第1章）

4 "19th Century Portable Iron Houses", National Trust（現地で配布されている案内書）（第1章）

5 Miles Lewis, "8.06a Nails & Screws", (http://www.mileslewis.net/australian-building/pdf/08-metals/ 8.06a-nails-and-screws.pdf)（第1章）

6 Paul E. Sprague, "Chicago Balloon Frame: The Evolution During the 19th Century of George W. Snow's System for Erecting Light Frame Buildings from Dimension Lumber and Machine-made Nails", (http://files.umwblogs.org/blogs.dir/7608/files/sprague/sprague1-5.pdf)（第1章）

7 松村秀一「モノが語る二〇世紀の構想力2・第二回　一五〇年を経た鉄製植民地住宅」、『新建築』二〇〇八年四月号、新建築社（第1章）

8 松村秀一「モノが語る二〇世紀の構想力2・第三回　還暦を迎えたレヴィットタウン」、『新建築』二〇〇八年六月号、新建築社（第1章）

9 Lynne Matarrese, *The History of Levittown, New York*, The Levittown Historical Society, 1997（第1章）

10 The Levittown Historical Society 配布のパンフレット "Famous Levittown New York"（第1章）

11 Susan Kirsch Duncan, *Levittown: The Way We Were*, Maple Hill Press, 1999（第1章）

12 レヴィットタウンの地域雑誌（季刊：一九五一年一一月〜一九六〇年代後半）*Thousand Lanes*（第1章）

13 松村秀一「住宅生産における「関係」の行方」、所収『住まいの冒険―生きる場所をつくるということ』、萌文社、二〇一五年（第2章）

14 松村秀一「機ッ械館探訪記」、『群居』五号、群居刊行委員会、一九八四年（第2章）

15 『スペクテイター　特集SEEK & FIND　Whole Earth Catalog』、幻冬舎、前篇二〇一三年、後篇二〇一四年（第2章）

16 松村秀一『工業化住宅・考』、学芸出版社、一九八七年（第3章）

17 松村秀一「住宅の生産と流通」、所収『シリーズ都市・建築・歴史10 都市・建築の現在』、東京大学出版会、二〇〇六年（第3章）

18 建物のコンバージョンによる都市空間有効活用技術研究会『コンバージョン［計画・設計］マニュアル』、エクスナレッジ、二〇〇四年（第4章）

19 松村秀一「居住環境における「利用」の構想力の導入に関する考察」、『住宅総合研究財団研究論文集』No.33、住総研、二〇〇七年（第4章）

20 松村秀一・鈴木毅・西田徹「立体シンポジウム・ライフスタイルとすまい・まち」、(http://www.jutaku-sumai.jp/p042.html)、所収「住宅・すまいWEB」、住宅生産団体連合会（第4章、第5章）

21 松村秀一「「民主化する建築」を切拓くリノベーション」、『新建築』二〇一六年三月号、新建築社（第4章、第5章）

22 松村秀一『建築―新しい仕事のかたち　箱の産業から場の産業へ』、彰国社、二〇一三年（第4章、第5章）

23 松村秀一編『場の産業　実践論―「建築―新しい仕事のかたち」をめぐって』、彰国社、二〇一四年（第4章、第5章）

24 松村秀一「あり余る空間資源を豊かな暮らしの『場』に仕立て上げる仕事」、『すまいろん』99号、二〇一六年、住総研（第4章、第5章）

企画協力＝真壁智治
編集協力＝今井章博
地人館
本文中写真、クレジットのないものは著者撮影

ちくま新書
1214

ひらかれる建築《けんちく》
――「民主化《みんしゅか》」の作法《さほう》

二〇一六年一〇月一〇日　第一刷発行

著　者　松村秀一（まつむら・しゅういち）
発行者　山野浩一
発行所　株式会社　筑摩書房
東京都台東区蔵前二-五-三　郵便番号一一一-八七五五
振替〇〇一六〇-八-四一二三
装幀者　間村俊一
印刷・製本　三松堂印刷　株式会社

乱丁・落丁本の場合は、左記宛にご送付ください。送料小社負担でお取り替えいたします。
ご注文・お問い合わせも左記へお願いいたします。
〒三三一-八五〇七　さいたま市北区櫛引町二-六〇四
筑摩書房サービスセンター　電話〇四八-六五一-〇〇五三

ISBN978-4-480-06919-1 C0252